DEN KOMPLETTA KALLSOPPA KOOKBOKEN

Slå på värmen med 100 läckra kylda soppor, perfekt för sommaren och längre fram

David Lind

Copyright Material ©2024

Alla rättigheter förbehållna

Ingen del av denna bok får användas eller överföras i någon form eller på något sätt utan korrekt skriftligt medgivande från utgivaren och upphovsrättsinnehavaren, förutom korta citat som används i en recension. Den här boken bör inte betraktas som en ersättning för medicinsk, juridisk eller annan professionell rådgivning.

INNEHÅLLSFÖRTECKNING

INNEHÅLLSFÖRTECKNING **3**
INTRODUKTION **6**
GAZPACHO **7**
1. TRÄDGÅRD GAZPACHO 8
2. TRE-TOMAT GAZPACHO MED CHIPOTLE CRÈME 10
3. SOMMAR GRÖNSAKSGAZPACHO 12
4. GAZPACHO MED DITALINI OCH CHILE AIOLI 14
5. SVART OCH GULD GAZPACHO 17
6. VATTENMELON GAZPACHO 19
7. AVOKADO GAZPACHO 21
8. MAJS OCH BASILIKA GAZPACHO 23
9. MANGO OCH ANANAS GAZPACHO 25
10. GURKA OCH YOGHURT GAZPACHO 27
11. JORDGUBB OCH BASILIKA GAZPACHO 29
12. ROSTAD RÖD PAPRIKA OCH MANDELGAZPACHO 31
13. KRYDDIG MANGO OCH CILANTRO GAZPACHO 33
KALLA FRUKTSOPPA **35**
14. KALL PLOMMONSOPPA 36
15. JEWELBOX FRUKTSOPPA 38
16. SENEGALESISK SOPPA 40
17. VILDKÖRSBÄRSSOPPA 42
18. SOMMARENS FRUKTSOPPA 44
19. DANSK ÄPPELSOPPA 46
20. KYLD CANTALOUPE SOPPA 48
21. NORSK BLÅBÄRSSOPPA 50
22. KALL GRÄDDE AV VATTENKRASSE & ÄPPELSOPPA 52
23. KALL SUR KÖRSBÄRSSOPPA 54
24. DANSK ÄPPELSOPPA MED FRUKT OCH VIN 56
25. KALL PERSIKA JORDGUBBSSOPPA 58
26. KALL APRIKOSSOPPA 60
27. CARAMEL MOUNTAIN RANCH KALL JORDGUBBSSOPPA 62
28. KALL PAPAYASOPPA 64
29. CITRUS KÖRSBÄRSSOPPA 66
30. DANSK SÖT SOPPA 68
31. KALL MELON MINT SOPPA 70
32. KALL BLÅBÄRSSOPPA MED APELSINÖRTSORBET 72
33. NORSK FRUKTSOPPA (SOTSUPPE) 74
34. KYLD JORDGUBBSYOGHURTSOPPA 76
35. JORDGUBBS- / BLÅBÄRSSOPPA 78
36. KARIBISK AVOKADOSOPPA 80
KALLA GRÖNSAKSSOPPOR **82**

37. SÖTPOTATIS VICHYSSOISE 83
38. KYLD AVOKADO-TOMATSOPPA 85
39. GURKA CASHEW SOPPA 87
40. KYLD MOROTSSOPPA 89
41. KYLD RÖDBETSSOPPA 91
42. KALL GRÖN GRÖNSAKSSOPPA MED FISK 93
43. KALL TOMATILLOSOPPA 95
44. MOROTS- OCH YOGHURTSOPPA 97
45. KALL ZUCCHINI & PURJOLÖKSSOPPA 99
46. ZUCCHINI OCH AVOKADOSOPPA 101
47. KALL GURKA & SPENATSOPPA 103
48. KALL AVOKADOSOPPA MED CHILIKORIANDERKRÄM 105
49. BETOR OCH RÖDKÅLSSOPPA 107
50. TOMATSOPPA OCH RÖD PAPRIKA 109
51. INGEFÄRA OCH MOROTSSOPPA 111
52. KALL AVOKADO & KÄRNMJÖLKSSOPPA 113
53. CURRIED ZUCCHINI VITLÖKSSOPPA 115
54. DILLYOGHURT OCH GURKSOPPA 117
55. BORSJTJ 119
56. KRÄMIG BASILIKA ZUCCHINISOPPA 121

KALL FISK OCH SKJULDSSOPPA 123
57. KALL GURKSOPPA MED ÖRTRÄKOR 124
58. KYLD RÄKOR OCH AVOKADOSOPPA 126
59. KYLD HUMMERBISQUE 128
60. KALLRÖKT LAXSOPPA 130
61. KYLD KRABBA GAZPACHO 132
62. KALL KRABBASOPPA 134
63. KALL KÄRNMJÖLKS & RÄKSOPPA 136
64. KYLD GURKA OCH KRABBA SOPPA 138
65. KYLD KOKOSRÄKSOPPA 140
66. KALL SOPPA AV TONFISK OCH VITA BÖNOR 142
67. KYLD PILGRIMSMUSSLA OCH MAJSSOPPA 144

KALLA FJÄDERFÄSOPPA 146
68. KYLD KYCKLING OCH GRÖNSAKSSOPPA 147
69. KYLD KALKON- OCH TRANBÄRSSOPPA 149
70. KYLD KYCKLING OCH MAJSSOPPA 151
71. KYLD KALKON- OCH AVOKADOSOPPA 153
72. KYLD CITRON KYCKLING ORZO SOPPA 155
73. KYLD KALKON- OCH SPENATSOPPA 157
74. KYLD KYCKLING OCH MANGOSOPPA 159
75. KYCKLING OCH RISSOPPA MED KOKOSMJÖLK 161
76. KALL KYCKLING, SELLERI OCH VALNÖTSSOPPA 163
77. KALL SPARRISSOPPA MED VAKTELÄGG OCH KAVIAR 165

KALLA ÖRTSOPPOR 167
78. Cantaloupe soppa med mynta 168
79. Kyld Minted Zucchini Soppa 170
80. Kall myntad ärtsoppa 172
81. Kall Sorrel Soppa 174
82. Kyld avokado och koriandersoppa 176
83. Kyld ärt- och dragonsoppa 178
84. Kyld spenat och dillsoppa 180
85. Kyld zucchini och persiljesoppa 182
86. Kyld sparris och gräslökssoppa 184
87. Kyld betor och myntasoppa 186
88. Kinesisk örtkycklingsoppa 188

KALLA BALLJÄNT- OCH SPANNDSOPPA 191
89. Kall vita bönsoppa med krispig pancetta 192
90. Kyld bönsoppa 194
91. Kyld lins- och quinoasoppa 196
92. Kyld kikärts- och bulgarsoppa 198
93. Kyld soppa med svarta bönor och brunt ris 200
94. Kyld korn- och kikärtssoppa 202
95. Kyld röd lins- och bulgursoppa 204

KALLA PASTASOPPA 206
96. Kalla Nudlar Med Tomater 207
97. Kyld medelhavs Orzosoppa 209
98. Kyld tomat- och basilikapastasoppa 211
99. Kyld Pesto Pasta Soppa 213
100. Kyld grekisk pastasalladssoppa 215

SLUTSATS 217

INTRODUKTION

Välkommen till "DEN KOMPLETTA KALLSOPPA KOOKBOKEN", din ultimata guide för att slå värmen med 100 läckra kylda soppor som är perfekta för sommaren och framåt. När temperaturen stiger finns det inget så uppfriskande och tillfredsställande som en skål med kall soppa för att kyla ner dig och stärka dina smaklökar. I den här kokboken hyllar vi mångsidigheten och kreativiteten hos kylda soppor, och erbjuder en mängd olika recept som passar alla smaker och tillfällen.

I den här kokboken kommer du att upptäcka ett brett utbud av kylda sopprecept som visar upp säsongsbetonade ingredienser, livfulla smaker och innovativa kulinariska tekniker. Från klassiska gazpachos och krämiga vichyssoises till exotiska fruktsoppor och kryddiga kylda nudlar, varje recept är utformat för att ge en uppfriskande och tillfredsställande matupplevelse, oavsett väder eller tid på året.

Det som skiljer "DEN KOMPLETTA KALLSOPPA KOOKBOKEN" är dess betoning på friskhet, smak och enkelhet. Oavsett om du är en erfaren kock eller en nybörjarkock, är dessa recept utformade för att vara enkla att följa och anpassas till dina smakpreferenser och kostbehov. Med minimal matlagning som krävs och fokus på att använda färska, högkvalitativa ingredienser, kommer du att kunna piska ihop en sats läcker kall soppa på nolltid, vilket gör den till det perfekta alternativet för hektiska veckokvällar, tillfälliga sammankomster eller eleganta middagsfester.

I den här kokboken hittar du praktiska tips för att välja och förbereda ingredienser, samt fantastiska fotografier för att inspirera dina kulinariska skapelser. Oavsett om du är sugen på något lätt och uppfriskande eller rikt och överseende, har "DEN KOMPLETTA KALLSOPPA KOOKBOKEN" något för alla, som inbjuder dig att utforska de läckra möjligheterna med kylda soppor och höja din sommarmatupplevelse.

GAZPACHO

1.Trädgård Gazpacho

INGREDIENSER:

- 6 mogna plommontomater, hackade
- 1 medelstor rödlök, hackad
- 1 medelstor gurka, skalad, kärnad och hackad
- 1 medelstor röd paprika, hackad
- 4 salladslökar, hackade
- 1 vitlöksklyfta, finhackad
- 1 revbensselleri, finhackad
- 3 msk sherryvinäger
- 2 matskedar olivolja
- 1 tsk socker
- Salt
- Tabascosås
- 2 dl blandad grönsaksjuice
- 1/4 kopp hackad färsk persilja
- 1/4 kopp skivade urkärnade kalamataoliver

INSTRUKTIONER:

a) I en mixer eller matberedare, kombinera alla utom 1/4 kopp var och en av tomaterna, löken, gurkan och

b) paprika. Tillsätt hälften av salladslöken och all vitlök och selleri och bearbeta tills det är slätt. Tillsätt vinäger, olja och socker och smaka av med salt och tabasco. Bearbeta tills det är väl blandat.

c) Överför soppan till en stor icke-metallisk skål och rör ner grönsaksjuicen. Täck över och ställ i kylen tills den är kall, minst 3 timmar.

d) När du är redo att servera, tillsätt de återstående tomaterna, löken, gurkan, paprikan och salladslöken. Häll soppan i skålar, garnera med persilja och svarta oliver och servera.

2. Tre-Tomat Gazpacho Med Chipotle Crème

INGREDIENSER:
- 1 msk olivolja
- 1 1/2 tsk chipotle chile i adobo
- 1/4 kopp vegansk gräddfil, hemlagad (se Tofu gräddfil) eller köpt i butik
- 1 medelstor rödlök, hackad
- 1 medelstor röd paprika, hackad
- 1 medelstor gurka, skalad, kärnad och hackad
- 2 vitlöksklyftor, hackade
- 1/4 kopp malda oljepackade soltorkade tomater
- (14,5-ounce) burk krossade tomater
- 3 koppar blandad grönsaksjuice
- pund mogna plommontomater, hackade
- Salt
- 1/4 kopp hackad salladslök, till garnering

INSTRUKTIONER:

a) I en mixer eller matberedare, kombinera olja, chipotle och gräddfil och bearbeta tills det är slätt. Avsätta.

b) Kombinera löken, paprikan, hälften av gurkan, vitlöken, soltorkade tomaterna och krossade tomaterna i en mixer eller matberedare. Bearbeta tills den är slät. Överför till en stor skål och rör ner grönsaksjuicen, färska tomater, återstående gurka och salt efter smak. Täck över och ställ i kylen tills de är väl kylda, minst 3 timmar.

c) När den är kyld, smaka av, justera kryddor om det behövs. Häll upp i skålar och rör ner en sked av chipotlecrèmen i varje skål. Garnera med hackad salladslök och servera.

3.Sommar grönsaksgazpacho

INGREDIENSER:
- 2 dl ung balsamvinäger
- 2 pund mogna tomater
- 2 engelska (drivhus) gurkor
- 1 rödlök
- 1 gul paprika
- 1 röd paprika
- 3 skivor dagsgammalt surdegsfranskt bröd
- 3 dl tomatjuice
- 2 vitlöksklyftor
- 3 dl grönsaksbuljong
- 2 matskedar extra virgin olivolja
- 1 msk mild rökt spansk paprika
- 1 tsk malen spiskummin
- Grovt salt och nymalen peppar efter smak
- 2 msk finstrimlad färsk koriander
- 2 msk finstrimlad färsk mynta
- 1 msk finhackad citronskal

INSTRUKTIONER:
a) Minska balsamvinäger till ½ kopp.
b) Hacka grönsaker och blöt bröd i tomatjuice.
c) Blanda alla ingredienser och låt stå i 1 timme.
d) Mixa 4 koppar blandningen tills den är slät.
e) Kyl i minst 4 timmar.
f) Servera med örtblandning och ringla över olivolja och balsamicosirap.

4.Gazpacho Med Ditalini Och Chile Aioli

INGREDIENSER:
AIOLI
- 1 liten varm chili, kärnad
- 3 vitlöksklyftor
- 1/2 tsk salt
- 1 tsk rödvinsvinäger
- 1/2 kopp olivolja

GAZPACHO
- 4 stora mogna tomater, skalade, kärnade och hackade
- 2 stora gurkor, skalade, kärnade och hackade
- 1 medelstor gul paprika, hackad
- 1/2 kopp hackad salladslök
- 1 msk finhackad vitlök
- 3 dl tomatjuice
- Salt
- 1/2 kopp ditalini eller annan sopppasta
- 1 msk olivolja

INSTRUKTIONER:
GÖR AIOLI:
a) I en mixer eller matberedare, kombinera chili, vitlök och salt och puré tills det är slätt. Tillsätt vinägern och bearbeta för att blanda. Med maskinen igång, häll i oljan tills den är blandad. Överbearbeta inte. Överför till en skål och ställ åt sidan i rumstemperatur tills servering.

GÖR GAZPACHO:
b) I en mixer eller matberedare, kombinera hälften av tomaterna, hälften av gurkorna, hälften av paprikan, hälften av salladslöken och all vitlök. Bearbeta för att blanda, överför sedan till en stor icke-metallisk skål och rör ner tomatjuicen och återstående tomat, gurka, paprika och salladslök. Smaka av med salt efter smak. Täck över och ställ i kylen tills de är väl kylda, minst 2 timmar.

c) Medan soppan svalnar, koka pastan i en kastrull med kokande saltat vatten, rör om då och då, tills den är al dente, 6 till 8 minuter. Häll av och skölj pastan, släng den sedan med olivoljan och ställ åt sidan.

d) När du är redo att servera, tillsätt pastan i soppan och smaka av, justera kryddor om det behövs. Häll upp i skålar och virvla en sked av aioli i varje skål. Servera med ytterligare aioli vid sidan av.

5.Svart och guld Gazpacho

INGREDIENSER:
- 11/2 pund mogna gula tomater, hackade
- 1 stor gurka, skalad, kärnad och hackad
- 1 stor gul paprika, kärnad och hackad
- 4 salladslökar, endast den vita delen
- 2 vitloksklyftor, hackade
- 2 matskedar olivolja
- 2 msk vitvinsvinäger
- Salt
- Mald cayenne
- 1 1/2 koppar kokta eller 1 (15,5-ounce) burk svarta bönor, avrunna och sköljda
- 2 msk finhackad färsk persilja
- 1 kopp rostade krutonger (valfritt)

INSTRUKTIONER:
a) I en mixer eller matberedare, kombinera hälften av tomaterna med gurka, paprika, salladslök och vitlök. Bearbeta tills den är slät. Tillsätt olja och vinäger, smaka av med salt och cayennepeppar och bearbeta tills det är blandat.

b) Överför soppan till en stor icke-metallisk skål och rör ner de svarta bönorna och de återstående tomaterna. Täck skålen och ställ i kylen i 1 till 2 timmar. Smaka av, justera kryddor om det behövs.

c) Häll soppan i skålar, garnera med persilja och krutonger, om du använder, och servera.

6.Vattenmelon Gazpacho

INGREDIENSER:
- 4 koppar tärnad vattenmelon utan kärnor
- 2 stora tomater, tärnade
- 1 gurka, skalad, kärnad och tärnad
- 1 röd paprika, tärnad
- 1/4 kopp hackad rödlök
- 2 msk hackad färsk mynta
- 2 msk hackad färsk basilika
- 2 msk limejuice
- Salta och peppra efter smak

INSTRUKTIONER:
a) I en mixer, kombinera vattenmelon, tomater, gurka, paprika, rödlök, mynta, basilika och limejuice.
b) Mixa tills det är slätt.
c) Krydda med salt och peppar efter smak.
d) Ställ i kylen i minst 1 timme innan servering.
e) Servera kall, garnerad med ytterligare myntablad om så önskas.

7.Avokado Gazpacho

INGREDIENSER:
- 2 mogna avokado, skalade och tärnade
- 2 gurkor, skalade, kärnade ur och tärnade
- 1 grön paprika, tärnad
- 2 vitlöksklyftor, hackade
- 1/4 kopp hackad färsk koriander
- 2 msk limejuice
- 2 dl grönsaksbuljong
- Salta och peppra efter smak

INSTRUKTIONER:
a) I en mixer, kombinera avokado, gurka, paprika, vitlök, koriander, limejuice och grönsaksbuljong.
b) Mixa tills det är slätt.
c) Krydda med salt och peppar efter smak.
d) Ställ i kylen i minst 1 timme innan servering.
e) Servera kall, garnerad med en kvist koriander.

8.Majs och basilika Gazpacho

INGREDIENSER:
- 4 ax, kärnor borttagna
- 2 stora tomater, tärnade
- 1 rödlök, tärnad
- 1 röd paprika, tärnad
- 2 vitlöksklyftor, hackade
- 1/4 kopp hackad färsk basilika
- 2 msk rödvinsvinäger
- 2 dl grönsaksbuljong
- Salta och peppra efter smak

INSTRUKTIONER:
a) I en mixer, kombinera majskärnor, tomater, rödlök, paprika, vitlök, basilika, rödvinsvinäger och grönsaksbuljong.
b) Mixa tills det är slätt.
c) Krydda med salt och peppar efter smak.
d) Ställ i kylen i minst 1 timme innan servering.
e) Servera kall, garnerad med ett basilikablad.

9. Mango och ananas Gazpacho

INGREDIENSER:
- 2 mogna mango, skalade och tärnade
- 1 kopp tärnad ananas
- 1 gurka, skalad, kärnad och tärnad
- 1 röd paprika, tärnad
- 1 jalapeñopeppar, kärnad och finhackad
- 2 msk hackad färsk koriander
- 2 msk limejuice
- 2 koppar ananasjuice
- Salta och peppra efter smak

INSTRUKTIONER:
a) I en mixer, kombinera mango, ananas, gurka, röd paprika, jalapeñopeppar, koriander, limejuice och ananasjuice.
b) Mixa tills det är slätt.
c) Krydda med salt och peppar efter smak.
d) Ställ i kylen i minst 1 timme innan servering.
e) Servera kall, garnerad med en skiva mango eller ananas på skålens kant.

10. Gurka och yoghurt Gazpacho

INGREDIENSER:
- 2 gurkor, skalade, kärnade ur och tärnade
- 1 dl vanlig grekisk yoghurt
- 1/4 kopp hackad färsk dill
- 2 msk citronsaft
- 1 vitlöksklyfta, hackad
- 1 msk olivolja
- Salta och peppra efter smak

INSTRUKTIONER:
a) I en mixer, kombinera gurkor, grekisk yoghurt, dill, citronsaft, vitlök och olivolja.
b) Mixa tills det är slätt.
c) Krydda med salt och peppar efter smak.
d) Ställ i kylen i minst 1 timme innan servering.
e) Servera kall, garnerad med en kvist dill.

11.Jordgubb och basilika Gazpacho

INGREDIENSER:
- 2 dl tärnade jordgubbar
- 1 gurka, skalad, kärnad och tärnad
- 1/4 kopp hackad färsk basilika
- 2 msk balsamvinäger
- 1 matsked honung
- 1/4 tsk svartpeppar
- 1 kopp vatten
- Salt att smaka

INSTRUKTIONER:
a) I en mixer, kombinera jordgubbar, gurka, basilika, balsamvinäger, honung, svartpeppar och vatten.
b) Mixa tills det är slätt.
c) Smaka av med salt efter smak.
d) Ställ i kylen i minst 1 timme innan servering.
e) Servera kall, garnerad med ett basilikablad.

12.Rostad röd paprika och mandelgazpacho

INGREDIENSER:
- 2 stora rostade röda paprikor, skalade och kärnade
- 1 kopp blancherad mandel
- 2 vitlöksklyftor
- 2 msk sherryvinäger
- 1/4 kopp olivolja
- 2 dl grönsaksbuljong
- Salta och peppra efter smak

INSTRUKTIONER:
a) Kombinera den rostade röda paprikan, mandeln, vitlöken, sherryvinägern, olivoljan och grönsaksbuljongen i en mixer.
b) Mixa tills det är slätt.
c) Krydda med salt och peppar efter smak.
d) Ställ i kylen i minst 1 timme innan servering.
e) Servera kall, garnerad med en klick olivolja och hackad mandel.

13.Kryddig Mango och Cilantro Gazpacho

INGREDIENSER:
- 2 mogna mango, skalade och tärnade
- 1 gurka, skalad, kärnad och tärnad
- 1 jalapeñopeppar, kärnad och tärnad
- 1/4 kopp hackad färsk koriander
- 2 msk limejuice
- 2 dl grönsaksbuljong
- Salta och peppra efter smak

INSTRUKTIONER:
a) I en mixer, kombinera mango, gurka, jalapeñopeppar, koriander, limejuice och grönsaksbuljong.
b) Mixa tills det är slätt.
c) Krydda med salt och peppar efter smak.
d) Ställ i kylen i minst 1 timme innan servering.
e) Servera kall, garnerad med en skiva jalapeño för extra krydda.

KALLA FRUKTSOPPA

14.Kall plommonsoppa

INGREDIENSER:
- 4 mogna plommon, urkärnade och hackade
- 1 dl vanlig yoghurt
- 1/4 kopp honung eller lönnsirap
- 1 tsk vaniljextrakt
- Nypa kanel
- Skivad mandel till garnering

INSTRUKTIONER:
a) I en mixer, kombinera hackade plommon, vanlig yoghurt, honung eller lönnsirap, vaniljextrakt och kanel.
b) Mixa tills det är slätt.
c) Kyl soppan i kylen i minst 1 timme.
d) Servera kall, garnerad med skivad mandel.

15.Jewelbox Fruktsoppa

INGREDIENSER:
- 2 koppar vit druvjuice
- 2 dl päronnektar
- 1 mogen banan, hackad
- 1 msk färsk citronsaft
- Nypa salt
- 1/2 kopp osötad kokosmjölk (valfritt)
- 1 dl blåbär
- 1 mogen mango, skalad, urkärnad och skuren i 1/4-tums tärningar
- 1 kopp tärnad ananas
- 1 kopp tärnade jordgubbar
- Färska myntablad, till garnering

INSTRUKTIONER:

a) Kombinera druvjuice, päronnektar, banan, citronsaft och salt i en matberedare. Bearbeta tills den är slät och häll sedan i en stor skål. Rör ner kokosmjölken, om du använder. Täck över och ställ i kylen tills de är väl kylda, i 3 timmar eller över natten.

b) Häll den kylda soppan i skålar och häll 1/4 kopp vardera av blåbär, mango, ananas och jordgubbar i varje skål. Garnera med myntablad och servera.

16.senegalesisk soppa

INGREDIENSER:

- 1 msk raps- eller vindruvsolja
- 1 medelstor lök, hackad
- 1 medelstor morot, hackad
- 1 vitlöksklyfta, finhackad
- 3 Granny Smith-äpplen, skalade, urkärnade och hackade
- 2 msk varmt eller milt currypulver
- 2 tsk tomatpuré
- 3 koppar lätt grönsaksbuljong, hemlagad (se lätt grönsaksbuljong) eller köpt i butik, eller vatten Salt
- 1 kopp vanlig osötad sojamjölk
- 4 tsk mango chutney, hemlagad (se Mango Chutney) eller köpt i butik, för garnering

INSTRUKTIONER:

a) Värm oljan på medelvärme i en stor soppgryta. Tillsätt löken, moroten och vitlöken. Täck över och koka tills det mjuknat, cirka 10 minuter. Tillsätt äpplena och fortsätt att koka utan lock, rör om då och då, tills äpplena börjar mjukna, cirka 5 minuter. Tillsätt currypulvret och koka under omrörning i 1 minut. Rör i tomatpuré, buljong och salt efter smak. Sjud utan lock i 30 minuter.

b) Mosa soppan i grytan med en stavmixer eller i en mixer eller matberedare, i omgångar om det behövs. Häll soppan i en stor behållare, rör ner sojamjölken, täck över och ställ i kylen tills den är kall, cirka 3 timmar.

c) Häll soppan i skålar, garnera var och en med en tesked chutney och servera.

17.Vildkörsbärssoppa

INGREDIENSER:
- 11/2 pund mogna körsbär, urkärnade
- 2 dl vit druvjuice eller tranbärsjuice
- 1/3 kopp socker
- 1 msk färsk citronsaft
- 1 dl vegansk vaniljglass, uppmjukad
- 2 msk körsbärslikör

INSTRUKTIONER:
a) Hacka 8 av körsbären och ställ åt sidan. Lägg resterande körsbär i en mixer eller matberedare och bearbeta tills de är slät. Tillsätt druvjuice, socker, citronsaft och 1/2 kopp av glassen och
b) bearbeta tills den är slät. Häll soppan i en icke-metallisk skål. Täck över och ställ i kylen tills det är kallt, cirka 3 timmar.
c) I en liten skål, kombinera den återstående 1/2 kopp glassen och körsbärslikören, rör om för att blanda väl. Avsätta.
d) Häll den kylda soppan i skålar, garnera med en sked av glassblandningen och hackade körsbär och servera.

18.Sommarens fruktsoppa

INGREDIENSER:
- 2 dl hackad cantaloupe eller honungsmelon
- 1 kopp hackad färsk ananas
- 1 mogen mango eller 2 persikor, skalade, urkärnade och hackade
- 1 mogen banan, hackad
- 1 msk färsk citronsaft
- 1 kopp färsk apelsinjuice
- 1 dl äppel- eller ananasjuice
- 1/2 kopp vanlig osötad sojamjölk
- 1/3 kopp vegansk vanlig yoghurt eller vegansk gräddfil, hemlagad (se Tofu Sour Cream) eller köpt i butik
- 2 matskedar agave nektar
- 1/2 kopp skalade skivade jordgubbar, för garnering
- Färska myntakvistar, till garnering

INSTRUKTIONER:

a) I en matberedare, kombinera cantaloupe, ananas, mango och banan och bearbeta tills det är slätt. Tillsätt citronsaft, apelsinjuice, äppeljuice och sojamjölk och bearbeta tills det är väl blandat. Häll soppan i en stor behållare. Täck över och ställ i kylen tills de är väl kylda, minst 3 timmar.

b) I en liten skål, kombinera yoghurt och agave nektar i en liten skål och mixa tills det är slätt. Häll den kylda soppan i skålar, garnera med en sked av yoghurtblandningen, några jordgubbsskivor och färska myntakvistar och servera.

19.Dansk Äppelsoppa

INGREDIENSER:
- 2 stora äpplen, urkärnade, skalade
- 2 koppar vatten
- 1 kanelstång
- 3 hela kryddnejlika
- ⅛ tesked salt
- ½ kopp socker
- 1 msk majsstärkelse
- 1 kopp färska plommon, oskalade och skivade
- 1 kopp färska persikor, skalade och skurna
- ¼ kopp portvin

INSTRUKTIONER:
a) Kombinera äpplen, vatten, kanelstång, kryddnejlika och salt i en medelstor kastrull.
b) Blanda socker och majsstärkelse och tillsätt till mosad äppelblandning.
c) Tillsätt plommon och persikor och låt sjuda tills dessa frukter är mjuka och blandningen har tjocknat något.
d) Tillsätt portvinet.
e) Toppa individuella portioner med en klick lätt gräddfil eller fettfri vaniljyoghurt.

20.Kyld Cantaloupe Soppa

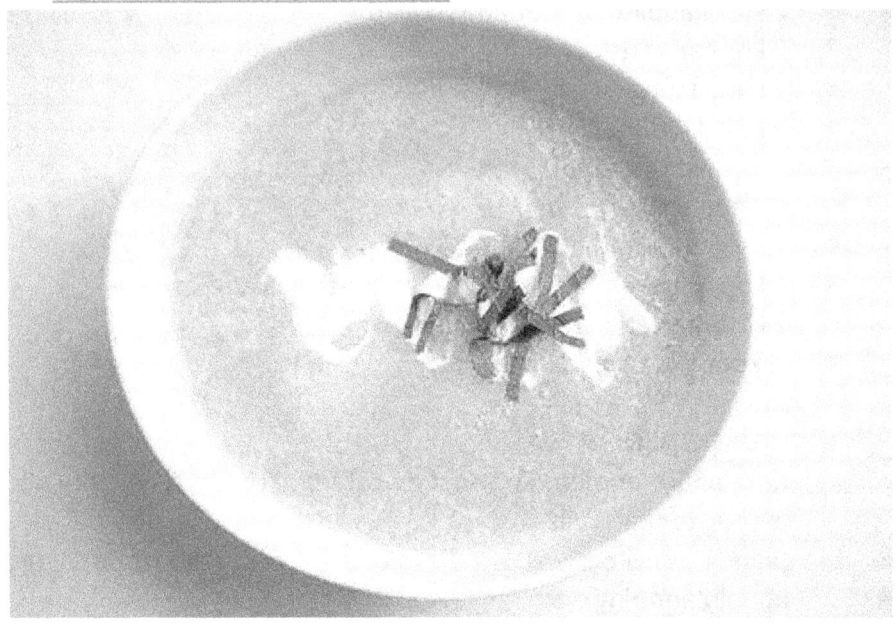

INGREDIENSER:
- 1 cantaloupe - skalad, kärnad och tärnad
- 2 dl apelsinjuice
- 1 msk färsk limejuice
- 1/4 tsk mald kanel

INSTRUKTIONER:
a) Skala, kärna ur och skär cantaloupen i tärningar. Placera cantaloupe och 1/2 kopp apelsinjuice i en mixer eller matberedare; täck och bearbeta tills den är slät.
b) Överför till stor skål. Rör ner limejuice, kanel och återstående apelsinjuice. Täck över och ställ i kylen i minst en timme.
c) Garnera med mynta om så önskas.

21.Norsk blåbärssoppa

INGREDIENSER:
- 1 kuvert smaklös gelatin
- ¼ kopp kallt vatten
- 4 koppar färsk apelsinjuice
- 3 matskedar färsk citronsaft
- ¼ kopp socker
- 2 dl färska blåbär, tvättade
- Färsk mynta, till garnering

INSTRUKTIONER:
a) Mjuka upp gelatinet i kallt vatten i en vaniljsåsbägare. Lägg i en kastrull med hett (inte kokande) vatten tills det smält och klart att användas.
b) Kombinera apelsinjuice, citronsaft och socker med det smälta gelatinet. Rör om tills socker och gelatin lösts upp.
c) Kyl tills blandningen börjar tjockna.
d) Vänd ner blåbär i blandningen.
e) Kyl tills den ska serveras.
f) Häll upp i kylda buljongkoppar och garnera med färsk mynta.
g) Njut av din uppfriskande norska blåbärssoppa!

22.Kall grädde av vattenkrasse & äppelsoppa

INGREDIENSER:
- 2 knippen vattenkrasse, stjälkar borttagna
- 2 äpplen, skalade, urkärnade och hackade
- 2 dl grönsaksbuljong
- 1 dl vanlig grekisk yoghurt
- 1 msk citronsaft
- Salta och peppra efter smak
- Vattenkrasseblad till garnering

INSTRUKTIONER:
a) I en mixer, kombinera vattenkrasse, hackade äpplen och grönsaksbuljong.
b) Mixa tills det är slätt.
c) Rör ner grekisk yoghurt och citronsaft. Krydda med salt och peppar efter smak.
d) Kyl soppan i kylen i minst 2 timmar.
e) Servera kall, garnerad med vattenkrasseblad.

23.Kall sur körsbärssoppa

INGREDIENSER:

- 2 dl surkörsbär, urkärnade
- 1 dl vanlig yoghurt
- 1/4 kopp honung eller lönnsirap
- 1/2 tsk mandelextrakt
- Nypa kanel
- Skivad mandel till garnering

INSTRUKTIONER:

a) I en mixer, kombinera surkörsbär, vanlig yoghurt, honung eller lönnsirap, mandelextrakt och kanel.
b) Mixa tills det är slätt.
c) Kyl soppan i kylen i minst 1 timme.
d) Servera kall, garnerad med strimlad mandel.

24. Dansk Äppelsoppa med frukt och vin

INGREDIENSER:

- 2 stora äpplen, kärnade ur, skalade och skär i stora tärningar
- 2 koppar vatten
- 1 kanelstång (2 tum)
- 3 hela kryddnejlika
- 1/8 tsk salt
- ½ kopp socker
- 1 msk majsstärkelse
- 1 kopp färska plommon, oskalade och skivade i åttondelar
- 1 kopp färska persikor, skalade och skurna i stora tärningar
- ¼ kopp portvin

INSTRUKTIONER:

a) Kombinera äpplen, vatten, kanelstång, kryddnejlika och salt i en medelstor kastrull.
b) Täck över och koka på medelvärme tills äpplena är mjuka.
c) Ta bort de hela kryddorna och puré genom att pressa den varma blandningen genom en grov sil.
d) Blanda samman socker och majsstärkelse och lägg till den mosade äppelblandningen.
e) Tillsätt plommon och persikor och låt sjuda tills dessa frukter är mjuka och blandningen har tjocknat något. Detta kommer att ta mycket kort tid.
f) Tillsätt portvinet och smaka av efter sötma, tillsätt mer socker om det behövs. Kom dock ihåg att smaken av denna äppelsoppa ska vara syrlig.
g) Kyl ordentligt.
h) Toppa individuella portioner med en klick lätt gräddfil eller fettfri vaniljyoghurt.
i) Pudra lätt grädden eller yoghurten med lite muskotnöt.

25.Kall persika jordgubbssoppa

INGREDIENSER:
- 2 mogna persikor, skalade, urkärnade och hackade
- 1 dl jordgubbar, skalade och hackade
- 1 kopp apelsinjuice
- 1 msk honung eller lönnsirap (valfritt)
- Färska basilikablad till garnering

INSTRUKTIONER:
a) I en mixer, kombinera hackade persikor, jordgubbar, apelsinjuice och honung (om du använder).
b) Mixa tills det är slätt.
c) Kyl soppan i kylen i minst 1 timme.
d) Servera kall, garnerad med färska basilikablad.

26. Kall aprikossoppa

INGREDIENSER:

- 500 g mogna aprikoser, urkärnade och tärnade
- 1 kopp gräddfil
- 1/4 kopp honung
- 1 msk citronsaft
- 1/2 tsk mald ingefära
- 1/4 tsk mald kanel
- Hackad färsk mynta till garnering

INSTRUKTIONER:

a) I en mixer, kombinera tärnade aprikoser, gräddfil, honung, citronsaft, mald ingefära och mald kanel.
b) Mixa tills det är slätt.
c) Kyl soppan i kylen i minst 2 timmar.
d) Servera kall, garnerad med hackad färsk mynta.
e) (Obs: Justera sötma med mer eller mindre honung efter personliga preferenser)

27. Caramel Mountain Ranch kall jordgubbssoppa

INGREDIENSER:
- 500 g färska jordgubbar, skalade och skivade
- 1 dl vanlig yoghurt
- 2 matskedar honung
- 1 tsk vaniljextrakt
- 1/4 tsk mald kanel
- Färska myntablad till garnering

INSTRUKTIONER:
a) I en mixer, kombinera de skivade jordgubbarna, yoghurt, honung, vaniljextrakt och mald kanel.
b) Mixa tills det är slätt och krämigt.
c) Kyl soppan i kylen i minst 1 timme.
d) Servera kall, garnerad med färska myntablad.
e) (Obs: "Caramel Mountain Ranch"-smak kan läggas till genom att ringla kolasås över soppan innan servering om så önskas)

28.Kall papayasoppa

INGREDIENSER:
- 2 mogna papaya, skalade, kärnade och hackade
- 1 dl kokosmjölk
- 2 msk limejuice
- 1 msk honung eller lönnsirap (valfritt)
- Nypa salt
- Färska myntablad till garnering

INSTRUKTIONER:
a) I en mixer, kombinera hackad papaya, kokosmjölk, limejuice, honung (om du använder) och en nypa salt.
b) Mixa tills det är slätt.
c) Kyl soppan i kylen i minst 1 timme.
d) Servera kall, garnerad med färska myntablad.

29. Citrus körsbärssoppa

INGREDIENSER:
- 4 dl urkärnade körsbär
- 1 kopp apelsinjuice
- 1 matsked honung
- 1 tsk citronsaft
- 1/4 tsk mald kanel
- Nypa salt
- Färska myntablad till garnering

INSTRUKTIONER:
a) I en mixer, kombinera urkärnade körsbär, apelsinjuice, honung, citronsaft, mald kanel och en nypa salt.
b) Mixa tills det är slätt.
c) Kyl soppan i kylen i minst 1 timme.
d) Servera kall, garnerad med färska myntablad.

30.dansk söt soppa

INGREDIENSER:
- 1 liter röd fruktjuice
- ½ kopp russin, gyllene
- ½ kopp vinbär
- ½ kopp katrinplommon; eller plommon, urkärnade och hackade
- ½ kopp socker
- 3 matskedar Tapioka, Minute
- 2 skivor citron
- Liten kanelstång

INSTRUKTIONER:
a) Blanda fruktjuice, russin, vinbär, katrinplommon och socker.
b) Sjud i några minuter och lägg sedan på ett par citronskivor och en liten kanelstång.
c) Tillsätt tapioka.
d) Fortsätt koka tills tapiokan har kokat klart, rör om så att tapiokan inte fastnar.
e) Häll upp i fat och servera med grädde eller Cool Whip.

31. Kall Melon Mint Soppa

INGREDIENSER:
- 1 mogen melon (melonmelon eller honungsdagg), kärnad och tärnad
- 1 dl kokosvatten
- 2 msk limejuice
- 1 msk honung eller lönnsirap (valfritt)
- Färska myntablad till garnering

INSTRUKTIONER:
a) I en mixer, kombinera melontärningarna, kokosvattnet, limejuice och honung (om du använder).
b) Mixa tills det är slätt.
c) Kyl soppan i kylen i minst 1 timme.
d) Servera kall, garnerad med färska myntablad.

32.Kall blåbärssoppa med apelsinörtsorbet

INGREDIENSER:
- 500 g färska blåbär
- 2 dl apelsinjuice
- 1/4 kopp honung
- 1 tsk rivet apelsinskal
- 1/4 kopp hackad färsk mynta
- 1/4 kopp hackad färsk basilika
- Vaniljglass till servering

INSTRUKTIONER:
a) I en mixer, kombinera blåbär, apelsinjuice, honung och rivet apelsinskal.
b) Mixa tills det är slätt.
c) Rör ner hackad mynta och basilika.
d) Kyl soppan i kylen i minst 2 timmar.
e) Servera kall, toppad med en kula vaniljglass.

33.Norsk fruktsoppa (Sotsuppe)

INGREDIENSER:
- 1 kopp urkärnade torkade katrinplommon
- ¾ kopp russin
- ¾ kopp torkade aprikoser
- Kallt vatten
- ¼ kopp snabblagad tapioka, okokt
- 2 koppar vatten
- 2 msk citronsaft
- 1 kopp druvjuice
- 1 tsk vinäger
- ½ kopp socker
- 1 kanelstång

INSTRUKTIONER:
a) Kombinera katrinplommon, russin och aprikoser i en 3-liters kastrull. Tillsätt tillräckligt med vatten för att täcka, cirka 3 koppar. Koka upp och låt sjuda försiktigt i 30 minuter.
b) Koka upp 2 dl vatten i en liten kastrull. Rör ner tapioka och låt sjuda i 10 minuter.
c) När frukten är mjuk, tillsätt den kokta tapiokan, citronsaften, druvjuice, vinäger, socker och kanelstång. Koka upp och låt sjuda i ytterligare 15 minuter. Ta bort kanelstången. Blandningen kommer att tjockna när den svalnar; tillsätt lite mer vatten eller druvjuice om den verkar för tjock.
d) Servera varm eller kall. Om den serveras kall kan den garneras med vispgrädde.

34.Kyld jordgubbsyoghurtsoppa

INGREDIENSER:
- 1 pund färska jordgubbar
- 1 ¼ dl vaniljyoghurt
- 3 msk konditorsocker
- 2 msk apelsinjuice koncentrat
- 1/8 tesked mandelextrakt eller ½ tesked citronsaft

INSTRUKTIONER:
a) Blanda jordgubbar, yoghurt, socker, apelsinjuicekoncentrat och extrakt.
b) Garnera med resterande yoghurt.

35.Jordgubbs- / blåbärssoppa

INGREDIENSER:
- 1 pund färska jordgubbar eller blåbär, rengjorda väl
- 1 ¼ koppar vatten
- 3 matskedar granulerat sötningsmedel
- 1 matsked färsk citronsaft
- ½ kopp soja- eller riskaffekaffe
- Valfritt: 2 koppar kokta, kylda nudlar

INSTRUKTIONER:
a) I en medelstor kastrull, kombinera frukten med vattnet och värm till en snabb uppkok.
b) Sänk värmen till låg, täck över och koka i 20 minuter, eller tills frukten är mycket mjuk.
c) Mixa i en mixer tills det är slätt. Häll tillbaka purén i grytan och rör ner socker, citronsaft och gräddkanna. Låt puttra i 5 minuter efter omrörning.
d) Innan servering, kyl soppan i minst 2 timmar.
e) Denna soppa serveras traditionellt för sig själv eller med kalla nudlar.

36.Karibisk avokadosoppa

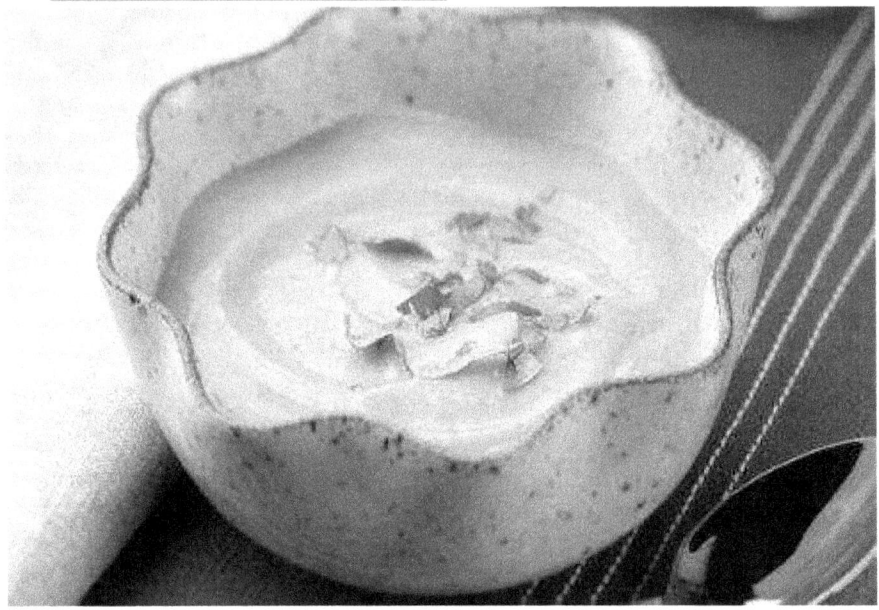

INGREDIENSER:

- 3 mogna avokado
- ½ kopp yoghurt
- 2½ dl ekologisk kycklingfond
- 1 tsk currypulver
- 1 tsk salt
- ¼ tesked vitpeppar

INSTRUKTIONER

a) Halvera avokadon på längden, gröp ur köttet från fem av halvorna och reservera en halv till garnering.
b) Tillsätt en kopp kycklingfond i mixern tillsammans med avokadon. Blandning.
c) Fyll mixern med yoghurt, resterande 1 kopp fond, salt, vitpeppar och currypulver. Blanda igen.
d) Kyl i 5 till 10 minuter i kylen.
e) Servera direkt och toppa varje rätt med några skivor av den reserverade avokadon.

KALLA GRÖNSAKSSOPPOR

37. Sötpotatis Vichyssoise

INGREDIENSER:
- 1 msk olivolja
- 2 medelstor purjolök, endast vita delar, väl sköljda och hackade
- 3 stora sötpotatisar, skalade och hackade
- 3 dl grönsaksbuljong, hemlagad (se Lätt grönsaksbuljong) eller köpt i butik, eller vatten Salt
- Nyp mald cayennepepp
- 1 kopp vanlig osötad sojamjölk, eller mer efter behov
- Klippt färsk gräslök, till garnering

INSTRUKTIONER:
a) Värm oljan på medelvärme i en stor soppgryta. Tillsätt purjolöken och koka tills den är mjuk, ca 5 minuter. Tillsätt sötpotatis, buljong och salt och cayenne efter smak. Koka upp, sänk sedan värmen till låg och låt puttra utan lock tills potatisen är mjuk, cirka 30 minuter.
b) Mosa soppan i grytan med en stavmixer eller i en mixer eller matberedare, i omgångar om det behövs. Överför till en stor behållare och rör ner sojamjölken. Täck över och ställ i kylen tills den är kall, minst 3 timmar. Smaka av, justera kryddor om det behövs och tillsätt lite mer sojamjölk om soppan är för tjock.
c) Häll upp i skålar, strö över gräslök och servera.

38.Kyld avokado-tomatsoppa

INGREDIENSER:
- 2 vitlöksklyftor, krossade
- Salt
- 2 mogna Hass avokado
- 2 tsk citronsaft
- 2 pund mogna plommontomater, grovt hackade
- (14,5-ounce) burk krossade tomater
- kopp tomatjuice
- Nymalen svartpeppar
- 8 färska basilikablad, till garnering

INSTRUKTIONER:
a) I en mixer eller matberedare, kombinera vitlöken och 1/2 tsk salt och bearbeta till en pasta.
b) Kärna ur och skala en av avokadon och tillsätt den i matberedaren tillsammans med citronsaften. Bearbeta tills den är slät. Tillsätt färska och konserverade tomater, tomatjuice och salt och peppar efter smak. Bearbeta tills den är slät.
c) Överför soppan till en stor behållare, täck över och kyl tills den är kyld, 2 till 3 timmar.
d) Smaka av, justera kryddor om det behövs. Kärna ur och skala den återstående avokadon och skär den i små tärningar. Skiva basilikabladen i tunna strimlor. Häll soppan i skålar, tillsätt den tärnade avokadon, garnera med basilika och servera.

39.Gurka cashew soppa

INGREDIENSER:
- 1 vitlöksklyfta, krossad
- 1/2 tsk salt
- 1 kopp vanlig osötad sojamjölk
- 2 medelstora engelska gurkor, skalade och hackade
- 2 msk hackad salladslök
- 1 msk färsk citronsaft
- 1 msk finhackad färsk persilja
- 2 tsk malet färsk dillweed eller 1/2 tsk torkad
- 1 msk klippt färsk gräslök, till garnering

INSTRUKTIONER:
a) Mal cashewnötterna till ett fint pulver i en mixer eller matberedare. Tillsätt vitlök och salt, blanda tills det blir en tjock pasta. Tillsätt 1/4 kopp av sojamjölken och mixa tills den är slät och krämig.
b) Tillsätt gurka, salladslök, citronsaft, persilja och dillgräs och bearbeta tills det är slätt.
c) Tillsätt resterande ¾ kopp sojamjölk och bearbeta tills det är väl blandat.
d) Överför blandningen till en stor behållare, täck över och kyl tills den är väl kyld och smakerna blandas, 2 till 3 timmar. Smaka av, justera kryddor om det behövs.
e) Häll soppan i skålar, garnera med gräslök och servera.

40.Kyld morotssoppa

INGREDIENSER:

- 1 msk raps- eller vindruvsolja
- 1 liten lök, hackad
- 1 pund morötter, strimlade
- 3 mogna plommontomater, hackade
- 1 tsk riven färsk ingefära
- 1 tsk socker
- 1/2 tsk salt
- 1/8 tsk mald cayennepepp
- 3 dl grönsaksbuljong, hemlagad (se Lätt grönsaksbuljong) eller köpt i butik, eller vatten
- 1 (13,5-ounce) burk osötad kokosmjölk
- 1 tsk färsk limejuice
- 1 msk hackad färsk basilika eller koriander

INSTRUKTIONER:

a) Värm oljan på medelvärme i en stor soppgryta. Tillsätt löken, täck över och koka tills den mjuknat, 5 minuter. Rör ner morötterna, täck över och koka 5 minuter längre. Tillsätt tomater, ingefära, socker, salt, cayennepeppar och buljong. Koka upp, sänk sedan värmen till låg och låt puttra utan lock tills grönsakerna är mjuka, cirka 30 minuter.

b) Mosa soppan i grytan med en stavmixer eller i en mixer eller matberedare, i omgångar om det behövs. Häll soppan i en stor skål, rör ner kokosmjölken och limejuicen och ställ i kylen tills den är kall, minst 3 timmar.

c) Smaka av, justera eventuellt kryddor och häll i skålar. Garnera med basilika och servera.

41.Kyld rödbetssoppa

INGREDIENSER:
- 11/2 pund rödbetor
- 2 matskedar olivolja
- 1 liten rödlök, hackad
- 1 vitlöksklyfta, finhackad
- 1 tsk socker
- 3 msk balsamvinäger
- (14,5-ounce) burk krossade tomater
- medium rostig potatis, skalad och hackad
- medelstor morot, hackad
- 4 dl grönsaksbuljong, hemlagad (se Lätt grönsaksbuljong) eller köpt i butik, eller vatten
- 1 kopp äppeljuice
- Salt och nymalen svartpeppar
- Vegansk gräddfil, hemlagad (se Tofu gräddfil) eller köpt i butik, till garnering
- Hackad färsk dillweed, till garnering

INSTRUKTIONER:
a) Koka rödbetorna i en stor kastrull med kokande vatten precis tillräckligt länge för att lossa skalet så att de lätt kan tas bort, 15 till 20 minuter. Häll av och låt svalna, ta sedan av skalet och kassera. Grovhacka rödbetorna och ställ åt sidan.
b) Värm oljan på medelvärme i en stor soppgryta. Tillsätt löken, täck över och koka tills den mjuknat, cirka 5 minuter. Rör ner vitlök, socker och vinäger och koka utan lock tills vinägern avdunstar, cirka 1 minut. Tillsätt tomater, hackade rödbetor, potatis och morot. Rör ner buljongen och äppeljuice. Krydda med salt och peppar efter smak. Koka upp, sänk sedan till låg och låt puttra utan lock tills grönsakerna är mjuka, cirka 30 minuter. Ta bort från värmen och låt svalna något.
c) Mosa soppan i en mixer eller matberedare, i omgångar ev. Överför soppan till en stor behållare, täck över och kyl tills den är kyld, minst 3 timmar.
d) Häll upp i skålar, garnera med gräddfil och dillgräs och servera.

42. Kall grön grönsakssoppa med fisk

INGREDIENSER:
- 500 g blandade gröna grönsaker (som gurka, grön paprika och salladslök), finhackad
- 200g tillagad fisk (som öring eller lax), flingad
- 2 dl grönsaksbuljong
- 1 kopp gräddfil
- 2 msk hackad färsk dill
- 2 msk hackad färsk persilja
- Salta och peppra efter smak
- Citronskivor till garnering

INSTRUKTIONER:
a) I en stor skål, kombinera de hackade gröna grönsakerna och flingad fisk.
b) Rör ner grönsaksbuljongen och gräddfilen tills det är väl blandat.
c) Tillsätt hackad dill, persilja, salt och peppar och blanda noggrant.
d) Kyl soppan i kylen i minst 1 timme innan servering.
e) Servera kall, garnerad med citronskivor.

43. Kall tomatillosoppa

INGREDIENSER:
- 1 pund tomatillos, skalade och i fjärdedelar
- 1 avokado, skalad och urkärnad
- 1/2 kopp hackad koriander
- 1 jalapeñopeppar, kärnad och hackad
- 2 dl grönsaksbuljong
- 1/4 kopp limejuice
- Salta och peppra efter smak
- Tortilla remsor till garnering

INSTRUKTIONER:
a) I en mixer, kombinera kvartade tomatillos, avokado, hackad koriander, hackad jalapeñopeppar, grönsaksbuljong och limejuice.
b) Mixa tills det är slätt.
c) Krydda med salt och peppar efter smak.
d) Kyl soppan i kylen i minst 1 timme.
e) Servera kall, garnerad med tortillastrimlor.

44. Morots- och yoghurtsoppa

INGREDIENSER:
- 4 koppar skivade ångade morötter
- 1 kopp kallt vatten
- ½ kopp vanlig 2% grekisk yoghurt
- ¼ kopp rå osaltade cashewnötter
- 2 msk limejuice
- ¾ tesked spiskummin
- ½ tsk gurkmeja
- ½ tsk grovt salt

INSTRUKTIONER:
a) Blanda morötter, vatten, yoghurt, cashewnötter, limejuice, spiskummin, gurkmeja och salt.
b) Kyl ner innan servering.

45.Kall Zucchini & Purjolökssoppa

INGREDIENSER:

- 2 zucchinis, hackade
- 1 purjolök, endast vita och ljusgröna delar, skivad
- 2 dl grönsaksbuljong
- 1/2 dl vanlig grekisk yoghurt
- 2 msk citronsaft
- 1 msk hackad färsk dill
- Salta och peppra efter smak
- Zucchiniband till garnering

INSTRUKTIONER:

a) Fräs den hackade purjolöken i en kastrull tills den är mjuk.
b) Tillsätt den hackade zucchinin och grönsaksbuljongen. Låt koka upp och koka i 10 minuter.
c) Ta bort från värmen och låt svalna något.
d) Överför blandningen till en mixer och mixa tills den är slät.
e) Rör ner grekisk yoghurt, citronsaft, hackad färsk dill, salt och peppar.
f) Kyl soppan i kylen i minst 1 timme.
g) Servera kall, garnerad med zucchiniband.

46. Zucchini och avokadosoppa

INGREDIENSER:
- 4 dl hackad zucchini
- 1 avokado
- ¾ kopp kallt vatten
- ½ kopp hackad koriander
- ½ kopp vattenkrasse
- 3 matskedar citronsaft
- ½ tsk grovt salt
- ½ kopp kikärter, sköljda och avrunna

INSTRUKTIONER:
a) Blanda zucchini, avokado, vatten, koriander, vattenkrasse, citronsaft och salt.
b) Svalka innan servering.

47. Kall gurka & spenatsoppa

INGREDIENSER:

- 2 gurkor, skalade och hackade
- 2 dl färska spenatblad
- 1/2 kopp vanlig yoghurt
- 2 msk citronsaft
- 1 msk hackad färsk dill
- Salta och peppra efter smak
- Gurkskivor till garnering

INSTRUKTIONER:

a) I en mixer, kombinera hackad gurka, färska spenatblad, vanlig yoghurt, citronsaft, hackad färsk dill, salt och peppar.
b) Mixa tills det är slätt.
c) Kyl soppan i kylen i minst 1 timme.
d) Servera kall, garnerad med gurkskivor.

48. Kall avokadosoppa med chilikorianderkräm

INGREDIENSER:
- 2 mogna avokado, skalade och urkärnade
- 2 dl grönsaksbuljong
- 1/2 kopp gräddfil
- 1 msk färsk limejuice
- 1/2 tsk malen spiskummin
- Salta och peppra efter smak
- 1/4 kopp hackad färsk koriander
- Röda chiliflakes till garnering

INSTRUKTIONER:
a) I en mixer, kombinera avokado, grönsaksbuljong, gräddfil, limejuice och mald spiskummin.
b) Mixa tills det är slätt.
c) Krydda med salt och peppar efter smak.
d) Kyl soppan i kylen i minst 1 timme.
e) För att servera, häll den kalla soppan i skålar. Garnera med hackad koriander och ett stänk av röda chiliflakes.

49. Betor och rödkålssoppa

INGREDIENSER:
- Två 8-ounce paket förkokta rödbetor
- 1 kopp kärnmjölk
- 1 dl skivad rödkål
- ¼ kopp dill
- 2 matskedar beredd pepparrot
- ¾ tesked grovt salt

INSTRUKTIONER:
a) Blanda rödbetor, kärnmjölk, kål, dill, pepparrot och salt.
b) Svalka innan servering.

50.Tomatsoppa och röd paprika

INGREDIENSER:
- 1 dl avrunnen rostad röd paprika
- 4 dl kvartade tomater
- ¼ kopp varje hackad basilika och rostad mandel
- 2 matskedar extra virgin olivolja
- 1 msk sherry eller rödvinsvinäger

INSTRUKTIONER:
a) Blanda alla ingredienser.
b) Svalka innan servering.

51.Ingefära och morotssoppa

INGREDIENSER:
- 2 matskedar olivolja
- 1 medelstor lök
- 1 2-tums bit färsk ingefära
- 1 vitlöksklyfta
- 2 pund morötter
- 6 dl grönsaksbuljong med låg natriumhalt
- Saft av 1 lime
- 1 dl vanlig yoghurt
- Salta och nymalen svartpeppar efter smak

INSTRUKTIONER:
a) Fräs lök, ingefära och vitlök.
b) Tillsätt morötter och buljong, låt sjuda tills det är mjukt.
c) Puré soppa och kyl.
d) Rör ner limejuice och yoghurt innan servering.

52.Kall avokado & kärnmjölkssoppa

INGREDIENSER:
- 2 mogna avokado, skalade och urkärnade
- 2 dl kärnmjölk
- 1/4 kopp hackad färsk koriander
- 2 msk färsk limejuice
- 1 vitlöksklyfta, finhackad
- Salta och peppra efter smak
- Tunt skivade rädisor till garnering
- Limeklyftor till garnering

INSTRUKTIONER:
a) I en mixer, kombinera avokado, kärnmjölk, koriander, limejuice och hackad vitlök.
b) Mixa tills det är slätt och krämigt.
c) Krydda med salt och peppar efter smak.
d) Kyl soppan i kylen i minst 1 timme.
e) Servera kall, garnerad med tunt skivade rädisor och limeklyftor.

53. Curried Zucchini Vitlökssoppa

INGREDIENSER:
- 2 matskedar olivolja
- 1 medelstor lök
- 1 vitlöksklyfta
- 2 tsk currypulver
- 2 pund zucchini
- 4 dl kyckling- eller grönsaksbuljong med låg natriumhalt
- Salta och nymalen svartpeppar efter smak
- 1 dl gräddfil med reducerad fetthalt
- 2 msk hackad färsk koriander till garnering

INSTRUKTIONER:
a) Fräs lök, vitlök och currypulver.
b) Tillsätt zucchini och buljong, låt sjuda tills det är mjukt.
c) Puré soppa och kyl.
d) Rör ner gräddfil och smaka av innan servering.

54. Dillyoghurt och gurksoppa

INGREDIENSER:
- 2 stora gurkor, skalade och tärnade
- 2 koppar grekisk yoghurt
- 1 vitlöksklyfta, finhackad
- 2 matskedar färsk citronsaft
- 1 msk hackad färsk dill
- Salta och peppra efter smak
- Extra virgin olivolja för duggregn
- Hackad färsk mynta till garnering

INSTRUKTIONER:
a) I en mixer, kombinera tärnad gurka, grekisk yoghurt, hackad vitlök, citronsaft och hackad dill.
b) Mixa tills det är slätt och krämigt.
c) Krydda med salt och peppar efter smak.
d) Kyl soppan i kylen i minst 2 timmar.
e) Innan servering, ringla över extra virgin olivolja och garnera med hackad färsk mynta.

55. Borsjtj

INGREDIENSER:
- 2 klasar rödbetor med grönt (ca 8-9 medelstora rödbetor)
- ½ kopp hackad lök
- Ett pund burk stuvade tomater
- 3 matskedar färsk citronsaft
- ⅓ kopp granulerat sötningsmedel

INSTRUKTIONER:
a) Skrubba och rensa rödbetorna, men låt skalet sitta kvar. Håll greenerna säkra. I en stor gryta, kombinera rödbetor, lök och 3 liter vatten.
b) Koka i en timme, eller tills rödbetorna är extremt mjuka. Ta bort rödbetorna ur vattnet, men KASTA INTE VATTEN. Kasta ut löken.
c) Häll tillbaka rödbetorna i vattnet efter att ha finhackat dem. Gröna bör tvättas och hackas innan de läggs till vatten. Kombinera tomater, citronsaft och sötningsmedel i en bunke. Koka i 30 minuter på medelvärme, eller tills grönsakerna är mjuka.
d) Innan servering, kyl i minst 2 timmar.

56.Krämig basilika zucchinisoppa

INGREDIENSER:

- 1 msk olivolja
- 1 stor gul lök, hackad
- 2 pund zucchini, skivad 1/4 tum tjock
- 4 koppar reducerat natrium eller hemgjord kycklingbuljong
- 1 kopp löst packade basilikablad, tvättade och skakade, plus mer till garnering
- 2 msk crème fraîche (se Anteckningar), plus mer för garnering
- 1/4 tsk chilipulver, plus mer till garnering
- Kosher salt

INSTRUKTIONER:

a) Hetta upp olivolja i en stor kastrull på medelvärme. Tillsätt lök och koka tills den är genomskinlig, cirka 5 minuter. Tillsätt zucchini och koka ytterligare 2 minuter; tillsätt sedan kycklingbuljong och 1 dl basilikablad. Sänk värmen till sjud och koka i 20 minuter.

b) Mosa soppan i omgångar i en mixer. Häll soppan genom en sil i en skål, använd en slev för att trycka igenom fasta bitar. Tillsätt 2 msk. crème fraîche och 1/4 tsk. Chili pulver. Smaka av med salt efter smak.

c) Dela soppan mellan skålarna och garnera var och en med lite crème fraîche, ett stänk chilipulver och några basilikablad.

KALL FISK OCH SKJULDSSOPPA

57.Kall Gurksoppa Med Örträkor

INGREDIENSER:

- 2 stora engelska gurkor
- 1 dl vanlig yoghurt
- 2 vitlöksklyftor
- 2 msk färsk dill, hackad
- 2 msk färsk mynta, hackad
- 1 citron
- Salt
- Peppar
- 12 stora räkor, skalade och deveirade
- Olivolja
- 1 msk färsk persilja, hackad (för garnering)

INSTRUKTIONER:
FÖRBEREDA GURKSOPPA:

a) Skala och hacka gurkorna.
b) I en mixer eller matberedare, kombinera hackad gurka, yoghurt, vitlöksklyftor, dill, mynta och saften av en halv citron.
c) Mixa tills det är slätt.
d) Smaka av soppan med salt och peppar efter smak.
e) Överför soppan till en stor skål och kyl tills den ska serveras.

FÖRBERED ÖRTRÄKOR:

f) Hetta upp en klick olivolja i en stekpanna eller stekpanna på medelhög värme.
g) Krydda räkorna med salt och peppar.
h) Lägg till räkorna i stekpannan och stek i 2-3 minuter på varje sida, eller tills de är rosa och genomstekta.
i) Pressa saften av den återstående halva citronen över räkorna under tillagningen.
j) Ta bort räkorna från stekpannan och ställ åt sidan.

TJÄNA:

k) Häll den kylda gurksoppan i skålar.
l) Toppa varje skål med några örträkor.
m) Garnera med hackad persilja.
n) Servera genast och njut av din uppfriskande kalla gurksoppa med örträkor!

58.Kyld räkor och avokadosoppa

INGREDIENSER:
- 1 lb kokta räkor, skalade och deveirade
- 2 mogna avokado, skalade och tärnade
- 1 gurka, skalad, kärnad och tärnad
- 1/4 kopp hackad färsk koriander
- 2 msk limejuice
- 2 dl grönsaksbuljong eller skaldjursfond
- Salta och peppra efter smak

INSTRUKTIONER:
a) I en mixer, kombinera en avokado, hälften av gurkan, koriander, limejuice och grönsaksbuljong. Mixa tills det är slätt.
b) Hacka resterande avokadon och gurka i små bitar och lägg dem i soppan.
c) Rör ner de kokta räkorna.
d) Krydda med salt och peppar efter smak.
e) Ställ i kylen i minst 1 timme innan servering.
f) Servera kall, garnerad med ytterligare koriander om så önskas.

59. Kyld hummerbisque

INGREDIENSER:
- 2 hummerstjärtar, kokta och hackade
- 2 koppar tung grädde
- 1 dl skaldjursfond
- 1/4 kopp torr sherry
- 2 msk tomatpuré
- 1/4 tsk paprika
- Salta och peppra efter smak
- Hackad gräslök till garnering

INSTRUKTIONER:
a) I en mixer, kombinera de kokta hummerstjärtarna, tjock grädde, skaldjursfond, sherry, tomatpuré och paprika. Mixa tills det är slätt.
b) Krydda med salt och peppar efter smak.
c) Ställ i kylen i minst 2 timmar innan servering.
d) Servera kall, garnerad med hackad gräslök.

60.Kallrökt laxsoppa

INGREDIENSER:
- 8 oz rökt lax, hackad
- 2 koppar grekisk yoghurt
- 1 gurka, skalad, kärnad och tärnad
- 2 salladslökar, tunt skivade
- 2 msk hackad färsk dill
- 2 msk citronsaft
- 1 dl grönsaksbuljong eller skaldjursfond
- Salta och peppra efter smak

INSTRUKTIONER:
a) I en mixer, kombinera rökt lax, grekisk yoghurt, gurka, salladslök, dill, citronsaft och grönsaksbuljong. Mixa tills det är slätt.
b) Krydda med salt och peppar efter smak.
c) Ställ i kylen i minst 1 timme innan servering.
d) Servera kall, garnerad med en kvist dill.

61.Kyld krabba Gazpacho

INGREDIENSER:

- 1 lb krabbkött
- 2 stora tomater, tärnade
- 1 gurka, skalad, kärnad och tärnad
- 1 röd paprika, tärnad
- 1/4 kopp hackad rödlök
- 2 vitlöksklyftor, hackade
- 2 msk hackad färsk persilja
- 2 msk rödvinsvinäger
- 2 dl tomatjuice
- Salta och peppra efter smak

INSTRUKTIONER:

a) I en mixer, kombinera en tomat, hälften av gurkan, hälften av den röda paprikan, rödlök, vitlök, persilja, rödvinsvinäger och tomatjuice. Mixa tills det är slätt.
b) Hacka resterande tomat, gurka och röd paprika i små bitar och tillsätt dem i soppan.
c) Rör ner det klumpiga krabbköttet.
d) Krydda med salt och peppar efter smak.
e) Ställ i kylen i minst 1 timme innan servering.
f) Servera kall, garnerad med ytterligare persilja om så önskas.

62.Kall krabbasoppa

INGREDIENSER:
- 500 g krabbkött i klump
- 2 dl kycklingbuljong
- 1 kopp tung grädde
- 1/4 kopp torrt vitt vin
- 1/4 kopp hackad färsk gräslök
- 2 msk citronsaft
- Salta och peppra efter smak
- Citronklyftor till garnering

INSTRUKTIONER:
a) Kombinera krabbköttet, kycklingbuljongen, tung grädde, vitt vin, hackad gräslök och citronsaft i en stor skål.
b) Krydda med salt och peppar efter smak.
c) Kyl soppan i kylen i minst 1 timme.
d) Servera kall, garnerad med citronklyftor.
e) (Obs: Om så önskas kan soppan mosas för en jämnare konsistens)

63.Kall Kärnmjölks & Räksoppa

INGREDIENSER:
- 2 dl kärnmjölk
- 1 dl vanlig yoghurt
- 200 g kokta räkor, skalade och rensade
- 1 gurka, skalad, kärnad och tärnad
- 2 msk hackad färsk dill
- 1 msk hackad färsk gräslök
- Salta och peppra efter smak
- Citronklyftor till garnering

INSTRUKTIONER:
a) I en stor skål, kombinera kärnmjölken, vanlig yoghurt, kokta räkor, tärnad gurka, hackad dill och hackad gräslök.
b) Krydda med salt och peppar efter smak.
c) Kyl soppan i kylen i minst 1 timme.
d) Servera kall, garnerad med citronklyftor.

64.Kyld gurka och krabba soppa

INGREDIENSER:
- 1 lb krabbkött
- 2 engelska gurkor, skalade och tärnade
- 1/2 dl vanlig grekisk yoghurt
- 1/4 kopp hackad färsk dill
- 2 msk citronsaft
- 2 dl grönsaksbuljong eller skaldjursfond
- Salta och peppra efter smak

INSTRUKTIONER:
a) I en mixer, kombinera en gurka, grekisk yoghurt, dill, citronsaft och grönsaksbuljong. Mixa tills det är slätt.
b) Hacka den återstående gurkan i små bitar och lägg dem i soppan.
c) Rör ner det klumpiga krabbköttet.
d) Krydda med salt och peppar efter smak.
e) Ställ i kylen i minst 1 timme innan servering.
f) Servera kall, garnerad med en kvist dill.

65.Kyld kokosräksoppa

INGREDIENSER:
- 1 lb kokta räkor, skalade och deveirade
- 1 burk (13,5 oz) kokosmjölk
- 1 dl kyckling- eller skaldjursbuljong
- 1 röd paprika, tärnad
- 1/2 kopp tärnad ananas
- 2 msk limejuice
- 1 msk fisksås
- 1 msk hackad färsk koriander
- Salta och peppra efter smak

INSTRUKTIONER:
a) I en mixer, kombinera kokosmjölk, buljong, limejuice, fisksås och hälften av den röda paprikan. Mixa tills det är slätt.
b) Rör ner den återstående röda paprikan, tärnad ananas och kokta räkor.
c) Krydda med salt och peppar efter smak.
d) Ställ i kylen i minst 1 timme innan servering.
e) Servera kall, garnerad med hackad koriander.

66.Kall soppa av tonfisk och vita bönor

INGREDIENSER:
- 2 burkar (5 oz vardera) tonfisk, avrunna
- 2 koppar kokta vita bönor (som cannellini eller marinblå bönor)
- 1 kopp tärnade tomater
- 1/4 kopp hackad rödlök
- 2 msk hackad färsk persilja
- 2 msk rödvinsvinäger
- 1 msk olivolja
- Salta och peppra efter smak

INSTRUKTIONER:
a) I en stor skål, kombinera tonfisk, vita bönor, tärnade tomater, rödlök, persilja, rödvinsvinäger och olivolja.
b) Krydda med salt och peppar efter smak.
c) Ställ i kylen i minst 1 timme innan servering.
d) Servera kall, garnerad med ytterligare persilja om så önskas.

67. Kyld pilgrimsmussla och majssoppa

INGREDIENSER:
- 1 lb havsmusslor, kokta och skivade
- 2 dl färska majskärnor
- 1 röd paprika, tärnad
- 1/2 kopp tärnad selleri
- 2 salladslökar, tunt skivade
- 2 dl grönsaksbuljong eller skaldjursfond
- 1/4 kopp limejuice
- 1/4 kopp hackad färsk koriander
- Salta och peppra efter smak

INSTRUKTIONER:
a) I en stor skål, kombinera havsmusslor, majskärnor, röd paprika, selleri, salladslök, grönsaksbuljong, limejuice och koriander.
b) Krydda med salt och peppar efter smak.
c) Ställ i kylen i minst 1 timme innan servering.
d) Servera kall, garnerad med en kvist koriander.

KALLA FJÄDERFÄSOPPA

68. Kyld kyckling och grönsakssoppa

INGREDIENSER:
- 2 dl kokt kycklingbröst, strimlat
- 2 morötter, skalade och tärnade
- 2 selleristjälkar, tärnade
- 1/2 kopp frysta ärtor
- 1/4 kopp hackad färsk persilja
- 6 dl kycklingbuljong
- 2 msk citronsaft
- Salta och peppra efter smak

INSTRUKTIONER:
a) I en stor skål, kombinera det kokta kycklingbröstet, morötterna, selleri, ärtor och persilja.
b) Häll kycklingbuljongen och citronsaften över blandningen och rör om väl.
c) Krydda med salt och peppar efter smak.
d) Ställ i kylen i minst 2 timmar innan servering.
e) Servera kall, garnerad med ytterligare persilja om så önskas.

69.Kyld kalkon- och tranbärssoppa

INGREDIENSER:
- 2 koppar kokt kalkonbröst, strimlad
- 1/2 kopp torkade tranbär
- 1/4 kopp hackade pekannötter
- 2 salladslökar, tunt skivade
- 4 dl kycklingbuljong
- 1/2 dl vanlig grekisk yoghurt
- 2 msk lönnsirap
- Salta och peppra efter smak

INSTRUKTIONER:
a) I en stor skål, kombinera det kokta kalkonbröstet, torkade tranbär, pekannötter och salladslök.
b) I en separat skål, vispa ihop kycklingbuljongen, grekisk yoghurt och lönnsirap tills den är slät.
c) Häll buljongblandningen över kalkonblandningen och rör om väl.
d) Krydda med salt och peppar efter smak.
e) Ställ i kylen i minst 2 timmar innan servering.
f) Servera kall, garnerad med ett stänk hackade pekannötter.

70.Kyld kyckling och majssoppa

INGREDIENSER:

- 2 dl kokt kycklingbröst, tärnat
- 2 koppar färska eller frysta majskärnor
- 1 röd paprika, tärnad
- 1/2 kopp tärnad gurka
- 1/4 kopp hackad färsk koriander
- 4 dl kycklingbuljong
- 2 msk limejuice
- Salta och peppra efter smak

INSTRUKTIONER:

a) I en stor skål, kombinera det kokta kycklingbröstet, majskärnorna, röd paprika, gurka och koriander.
b) Häll kycklingbuljongen och limesaften över blandningen och rör om väl.
c) Krydda med salt och peppar efter smak.
d) Ställ i kylen i minst 2 timmar innan servering.
e) Servera kall, garnerad med en kvist koriander.

71.Kyld kalkon- och avokadosoppa

INGREDIENSER:
- 2 koppar kokt kalkonbröst, tärnad
- 2 mogna avokado, skalade och tärnade
- 1/2 kopp tärnade tomater
- 1/4 kopp hackad rödlök
- 2 msk hackad färsk koriander
- 4 dl kycklingbuljong
- 2 msk limejuice
- Salta och peppra efter smak

INSTRUKTIONER:
a) Kombinera det kokta kalkonbröstet, avokado, tomater, rödlök och koriander i en stor skål.
b) Häll kycklingbuljongen och limesaften över blandningen och rör om väl.
c) Krydda med salt och peppar efter smak.
d) Ställ i kylen i minst 2 timmar innan servering.
e) Servera kall, garnerad med ytterligare koriander om så önskas.

72. Kyld Citron Kyckling Orzo Soppa

INGREDIENSER:

- 2 dl kokt kycklingbröst, strimlat
- 1/2 kopp okokt orzopasta
- 2 morötter, skalade och tärnade
- 2 selleristjälkar, tärnade
- 4 dl kycklingbuljong
- 1/4 kopp citronsaft
- 2 msk hackad färsk dill
- Salta och peppra efter smak

INSTRUKTIONER:

a) Koka upp kycklingbuljong i en stor gryta. Tillsätt orzopasta och koka enligt anvisningarna på förpackningen tills den är al dente.
b) Rör ner kokt kycklingbröst, morötter, selleri, citronsaft och hackad färsk dill.
c) Krydda med salt och peppar efter smak.
d) Ta bort från värmen och låt svalna till rumstemperatur.
e) Lägg över till kylen och låt svalna i minst 2 timmar innan servering.
f) Servera kall, garnerad med en kvist dill.

73. Kyld kalkon- och spenatsoppa

INGREDIENSER:
- 2 koppar kokt kalkonbröst, tärnad
- 4 dl kycklingbuljong
- 2 dl färska spenatblad
- 1/2 kopp tärnade morötter
- 1/2 kopp tärnad selleri
- 1/4 kopp tärnad lök
- 2 vitlöksklyftor, hackade
- 1 msk olivolja
- Salta och peppra efter smak

INSTRUKTIONER:
a) Värm olivolja på medelvärme i en stor gryta. Tillsätt hackad lök och hackad vitlök och fräs tills den mjuknat.
b) Tillsätt tärnade morötter och selleri och koka i ytterligare 2-3 minuter.
c) Häll i kycklingbuljong och låt koka upp. Lägg i tärnat kalkonbröst och spenatblad.
d) Sjud i 5-10 minuter tills grönsakerna är mjuka och smakerna är väl kombinerade.
e) Krydda med salt och peppar efter smak.
f) Ta bort från värmen och låt svalna till rumstemperatur.
g) Lägg över till kylen och låt svalna i minst 2 timmar innan servering.
h) Servera kall.

74. Kyld kyckling och mangosoppa

INGREDIENSER:
- 2 dl kokt kycklingbröst, strimlat
- 2 mogna mango, skalade och tärnade
- 1/2 kopp tärnad röd paprika
- 1/4 kopp tärnad rödlök
- 2 msk hackad färsk koriander
- 4 dl kycklingbuljong
- 2 msk limejuice
- Salta och peppra efter smak

INSTRUKTIONER:
a) I en mixer, kombinera en tärnad mango med kycklingbuljong och limejuice. Mixa tills det är slätt.
b) I en stor skål, kombinera kokt kycklingbröst, tärnad mango, tärnad röd paprika, tärnad rödlök och hackad koriander.
c) Häll den blandade mangoblandningen över kyckling- och grönsaksblandningen och rör om väl.
d) Krydda med salt och peppar efter smak.
e) Ställ i kylen i minst 2 timmar innan servering.
f) Servera kall, garnerad med ytterligare koriander om så önskas.

75. Kyckling och rissoppa med kokosmjölk

INGREDIENSER:
- 2 dl kokt kycklingbröst, tärnat
- 1 kopp kokt ris
- 1 burk (13,5 oz) kokosmjölk
- 4 dl kycklingbuljong
- 2 msk fisksås
- 2 msk limejuice
- 2 vitlöksklyftor, hackade
- 1 msk riven ingefära
- 1 röd chilipeppar, tunt skivad (valfritt för krydda)
- Salta och peppra efter smak

INSTRUKTIONER:
a) I en stor gryta, kombinera kycklingbuljong, kokosmjölk, fisksås, limejuice, hackad vitlök, riven ingefära och skivad röd chilipeppar (om du använder). Låt koka upp.
b) Lägg i tärnat kycklingbröst och kokt ris i grytan. Sjud i 5-10 minuter tills den är genomvärmd.
c) Krydda med salt och peppar efter smak.
d) Ta bort från värmen och låt svalna till rumstemperatur.
e) Lägg över till kylen och låt svalna i minst 2 timmar innan servering.
f) Servera kall.

76. Kall kyckling, selleri och valnötssoppa

INGREDIENSER:

- 2 dl kokt kycklingbröst, strimlat
- 2 stjälkar selleri, finhackad
- 1/2 dl valnötter, hackade
- 4 dl kycklingbuljong
- 1 dl vanlig yoghurt
- 2 msk citronsaft
- Salta och peppra efter smak
- Färsk persilja till garnering

INSTRUKTIONER:

a) I en stor skål, kombinera strimlad kyckling, hackad selleri och hackade valnötter.
b) Rör ner kycklingbuljong, vanlig yoghurt och citronsaft. Blanda väl.
c) Krydda med salt och peppar efter smak.
d) Kyl soppan i kylen i minst 1 timme.
e) Servera kall, garnerad med färsk persilja.

77. Kall sparrissoppa med vaktelägg och kaviar

INGREDIENSER:
- 500g sparris, putsad och hackad
- 4 dl grönsaksbuljong
- 1 dl grekisk yoghurt
- Salta och peppra efter smak
- 8 vaktelägg, hårdkokta och skalade
- Kaviar till garnering
- Hackad gräslök till garnering

INSTRUKTIONER:
a) Koka upp grönsaksbuljongen i en stor gryta. Tillsätt den hackade sparrisen och koka tills den är mjuk, ca 5-7 minuter.
b) Ta bort från värmen och låt svalna något.
c) I en mixer, puré den kokta sparrisen och buljongen tills den är slät.
d) Rör ner den grekiska yoghurten och smaka av med salt och peppar.
e) Kyl soppan i kylen i minst 1 timme.
f) För att servera, häll den kalla soppan i skålar. Dela vakteläggen på mitten och lägg dem ovanpå soppan. Garnera med kaviar och hackad gräslök.

KALLA Örtsoppor

78. Cantaloupe soppa med mynta

INGREDIENSER:
- 1 stor cantaloupe
- ¼ kopp honung
- ½ kopp apelsinjuice
- 1½ msk finhackad färsk mynta

INSTRUKTIONER:
a) Blanda cantaloupe, honung och apelsinjuice.
b) Kyla och rör ner mynta innan servering.

79.Kyld Minted Zucchini Soppa

INGREDIENSER:
- 3 (14 ½ ounce) burkar kycklingbuljong med reducerad natriumhalt
- 2 matskedar färsk citronsaft
- 3 zucchini
- 1 lök
- 1 vitlöksklyfta
- 3 msk hackad mynta
- 4 msk fettfri gräddfil

INSTRUKTIONER:
a) Koka upp buljong med grönsaker.
b) Puré med citronsaft och mynta.
c) Kyla och servera med en klick gräddfil.

80. Kall myntad ärtsoppa

INGREDIENSER:
- 2 dl frysta ärtor, tinade
- 1 liten lök, hackad
- 2 dl grönsaksbuljong
- 1/2 dl vanlig grekisk yoghurt
- 1 msk hackade färska myntablad
- Salta och peppra efter smak
- Citronskal till garnering (valfritt)

INSTRUKTIONER:
a) Fräs den hackade löken i en kastrull tills den är genomskinlig.
b) Tillsätt de tinade ärtorna och grönsaksbuljongen. Låt koka upp och koka i 5 minuter.
c) Ta bort från värmen och låt svalna något.
d) Överför blandningen till en mixer och mixa tills den är slät.
e) Rör ner den grekiska yoghurten och hackade myntablad. Krydda med salt och peppar efter smak.
f) Kyl soppan i kylen i minst 1 timme.
g) Servera kall, garnerad med citronskal om så önskas.

81.Kall Sorrel Soppa

INGREDIENSER:
- 4 dl färska syrablad, stjälkarna borttagna
- 1 liten lök, hackad
- 2 dl grönsaksbuljong
- 1 dl vanlig grekisk yoghurt
- 1 msk citronsaft
- Salta och peppra efter smak
- Färsk gräslök till garnering

INSTRUKTIONER:
a) Fräs den hackade löken i en kastrull tills den är genomskinlig.
b) Tillsätt syrabladen och grönsaksbuljongen. Låt koka upp och koka i 5 minuter.
c) Ta bort från värmen och låt svalna något.
d) Överför blandningen till en mixer och mixa tills den är slät.
e) Rör ner den grekiska yoghurten och citronsaften. Krydda med salt och peppar efter smak.
f) Kyl soppan i kylen i minst 1 timme.
g) Servera kall, garnerad med färsk gräslök.

82. Kyld avokado och koriandersoppa

INGREDIENSER:
- 2 mogna avokado, skalade och tärnade
- 1 dl grönsaksbuljong
- 1/4 kopp färska korianderblad
- 1/4 kopp hackad salladslök
- 2 msk limejuice
- 1 vitlöksklyfta, hackad
- Salta och peppra efter smak

INSTRUKTIONER:
a) I en mixer, kombinera avokado, grönsaksbuljong, korianderblad, salladslök, limejuice och hackad vitlök.
b) Mixa tills det är slätt.
c) Krydda med salt och peppar efter smak.
d) Ställ i kylen i minst 1 timme innan servering.
e) Servera kall, garnerad med en kvist koriander.

83. Kyld ärt- och dragonsoppa

INGREDIENSER:
- 2 dl frysta ärtor, tinade
- 1 liten lök, hackad
- 2 dl grönsaksbuljong
- 1/4 kopp färska dragonblad
- 1/4 kopp vanlig grekisk yoghurt
- 2 msk citronsaft
- Salta och peppra efter smak

INSTRUKTIONER:
a) Fräs den hackade löken i en kastrull tills den är genomskinlig.
b) Tillsätt de tinade ärtorna och grönsaksbuljongen i grytan. Koka upp, sänk sedan värmen och låt sjuda i 5 minuter.
c) Ta bort från värmen och låt svalna något.
d) Överför ärtblandningen till en mixer. Tillsätt de färska dragonbladen, grekisk yoghurt och citronsaft.
e) Mixa tills det är slätt.
f) Krydda med salt och peppar efter smak.
g) Ställ i kylen i minst 1 timme innan servering.
h) Servera kall, garnerad med en dragonkvist.

84.Kyld spenat och dillsoppa

INGREDIENSER:
- 4 dl färska spenatblad
- 1 dl vanlig grekisk yoghurt
- 1/4 kopp hackad färsk dill
- 2 salladslökar, hackade
- 2 msk citronsaft
- 2 dl grönsaksbuljong
- Salta och peppra efter smak

INSTRUKTIONER:
a) I en mixer, kombinera spenatblad, grekisk yoghurt, dill, salladslök, citronsaft och grönsaksbuljong.
b) Mixa tills det är slätt.
c) Krydda med salt och peppar efter smak.
d) Ställ i kylen i minst 1 timme innan servering.
e) Servera kall, garnerad med en kvist dill.

85.Kyld zucchini och persiljesoppa

INGREDIENSER:
- 3 medelstora zucchinis, tärnade
- 1 lök, hackad
- 2 vitlöksklyftor, hackade
- 4 dl grönsaksbuljong
- 1/4 kopp hackad färsk persilja
- 2 msk citronsaft
- 2 matskedar olivolja
- Salta och peppra efter smak

INSTRUKTIONER:
a) Värm olivolja på medelvärme i en kastrull. Tillsätt hackad lök och hackad vitlök och fräs tills den mjuknat.
b) Tillsätt den tärnade zucchinin i grytan och fräs i ytterligare 5 minuter.
c) Häll i grönsaksbuljongen och låt koka upp. Sänk värmen och låt sjuda i 10-15 minuter tills zucchinin är mjuk.
d) Ta bort från värmen och låt svalna något.
e) Överför soppan till en mixer. Tillsätt den hackade persiljan och citronsaften.
f) Mixa tills det är slätt.
g) Krydda med salt och peppar efter smak.
h) Ställ i kylen i minst 1 timme innan servering.
i) Servera kall.

86.Kyld sparris och gräslökssoppa

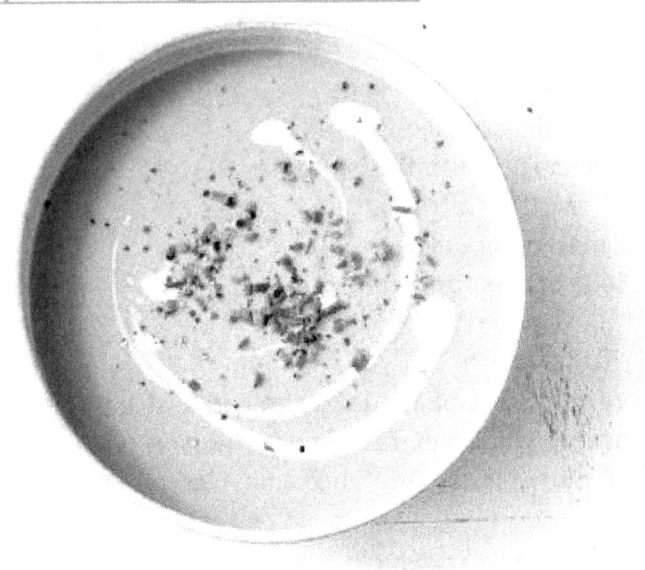

INGREDIENSER:

- 1 lb sparris, putsad och hackad
- 1 lök, hackad
- 2 vitlöksklyftor, hackade
- 4 dl grönsaksbuljong
- 1/4 kopp hackad färsk gräslök
- 2 msk citronsaft
- 2 matskedar olivolja
- Salta och peppra efter smak

INSTRUKTIONER:

a) Värm olivolja på medelvärme i en kastrull. Tillsätt hackad lök och hackad vitlök och fräs tills den mjuknat.
b) Tillsätt den hackade sparrisen i grytan och fräs i ytterligare 5 minuter.
c) Häll i grönsaksbuljongen och låt koka upp. Sänk värmen och låt sjuda i 10-15 minuter tills sparrisen är mjuk.
d) Ta bort från värmen och låt svalna något.
e) Överför soppan till en mixer. Tillsätt hackad gräslök och citronsaft.
f) Mixa tills det är slätt.
g) Krydda med salt och peppar efter smak.
h) Ställ i kylen i minst 1 timme innan servering.
i) Servera kall.

87.Kyld betor och myntasoppa

INGREDIENSER:
- 3 medelstora rödbetor, kokta och skalade
- 1 dl vanlig grekisk yoghurt
- 1/4 kopp hackade färska myntablad
- 2 msk citronsaft
- 2 dl grönsaksbuljong
- Salta och peppra efter smak

INSTRUKTIONER:
a) Kombinera de kokta rödbetorna, grekisk yoghurt, myntablad, citronsaft och grönsaksbuljong i en mixer.
b) Mixa tills det är slätt.
c) Krydda med salt och peppar efter smak.
d) Ställ i kylen i minst 1 timme innan servering.
e) Servera kall, garnerad med en kvist mynta.

88.Kinesisk örtkycklingsoppa

INGREDIENSER:
- 1 hel silkyckling, urtagen
- 1/4 kopp Shaoxing vin
- 1 matsked kosher salt, plus mer efter behov
- 1 1/2 uns torkade röda jujubes (da zao)
- 1 uns (25 g) torkad shiitakesvamp, helst skivad
- 1 uns (25 g; cirka 1/4 kopp) torkade gojibär
- 3/4 uns torkad kinesisk yam (huai shan, valfritt)
- 1/3 uns torkad skivad angelicarot (dong quai)
- 1/3 uns torkad lilja (bai he, se anteckningar)
- 4 salladslökar, putsade och hackade
- 1 1/2 uns skalad färsk ingefära, tunt skivad
- 1/3 uns (10 g) torkade pilgrimsmusslor, grovt hackade
- 1/4 tsk mald vitpeppar
- Vit sojasås, efter smak (valfritt, se anteckningar)

FÖR GARNERING:
- 3/4 uns torkade röda jujubes (da zao), urkärnade och skivade
- 1/2 uns torkade gojibär
- Skivad salladslök, efter önskemål

INSTRUKTIONER:

a) I en stor kastrull eller holländsk ugn, täck silkie kyckling med kallt vatten, ställ över hög värme och koka upp. Avlägsna från värme. Häll av och överför sedan kycklingen till en stor skål med kallt vatten tills den svalnar. Dränera väl.

b) Gnid in kycklingen överallt med Shaoxing-vin och 1 msk salt.

c) Under tiden, i en medelvärmebeständig skål, kombinera jujubes, shiitakes, gojibär, kinesisk jams (om du använder), angelicarot och liljelök. Häll 1 2/3 kopp (400 ml) kokande vatten över och låt stå tills det är återfuktat, cirka 15 minuter. Om du använder hela shiitakes, skär i skivor efter rehydrering.

d) Rengör kokkärl eller holländsk ugn och lägg tillbaka silkekyckling till den tillsammans med eventuellt Shaoxing-vin. Tillsätt rehydrerade aromater och deras blötläggningsvätska tillsammans med salladslök, ingefära, torkade pilgrimsmusslor och vitpeppar.

e) Täck med 4 liter (4 liter) kallt vatten och ställ på medelvärme tills det sjuder försiktigt; skumma bort allt skum som kommer upp till ytan. Sänk värmen för att bibehålla en mild sjud och koka tills kycklingen är genomstekt och köttet lätt kan dras från benen, cirka 45 minuter.
f) Ta försiktigt ut kycklingen från grytan och överför till en arbetsyta tills den är tillräckligt kall för att hantera, cirka 5 minuter. Använd händerna, strimla kött och skinn från kycklingen och lägg i en liten skål; kyl tills den ska användas.
g) Häll tillbaka slaktkroppen i buljongen, täck över och koka på en mycket försiktig sjud för en klarare buljong, cirka 3 timmar, eller en lätt uppkok för en krämigare buljong, cirka 2 timmar. Sila av buljongen, kassera kycklingkroppen och aromater.
h) Lägg tillbaka fonden i den rengjorda grytan och smaka av med salt och/eller vit sojasås.

FÖR GARNERING:
i) I en liten värmesäker skål, kombinera jujubes och gojibär och tillsätt tillräckligt med kokande vatten för att precis täcka. Låt stå tills den är återhydrerad, ca 2 minuter.

j) När du är redo att servera, tillsätt strimlat kycklingkött i buljongen och värm tills det sjuder. Dela jujube, gojibär och salladslökgarnering mellan serveringsskålar och slevbuljong och kycklingkött ovanpå. Tjäna.

KALLA BALLJÄNT- OCH SPANNDSOPPA

89. Kall vita bönsoppa med krispig pancetta

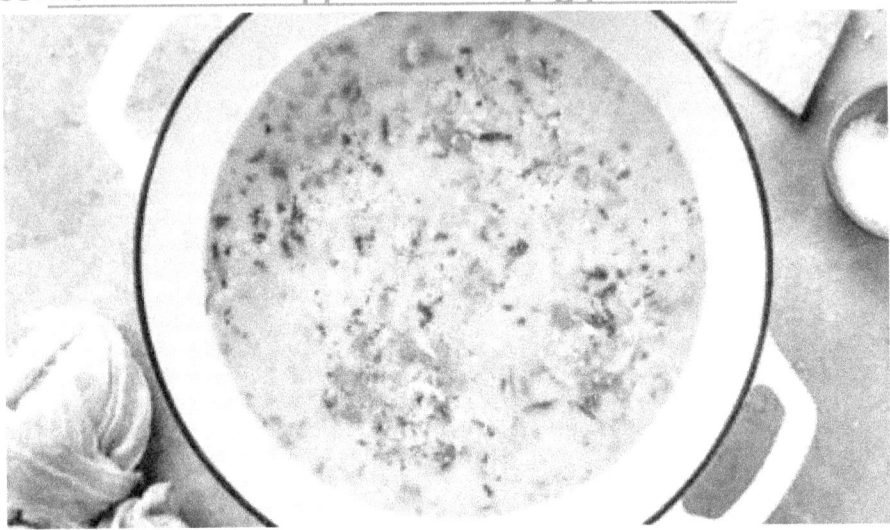

INGREDIENSER:
- 2 burkar (15 uns vardera) vita bönor, avrunna och sköljda
- 2 vitlöksklyftor, hackade
- 1/4 kopp hackad färsk persilja
- 2 msk citronsaft
- 2 matskedar olivolja
- 1/2 tsk malen spiskummin
- Salta och peppra efter smak
- Krispig pancetta eller bacon till garnering
- Hackad färsk persilja till garnering

INSTRUKTIONER:
a) Blanda de vita bönorna, hackad vitlök, hackad persilja, citronsaft, olivolja och malen spiskummin i en mixer.
b) Mixa tills det är slätt.
c) Krydda med salt och peppar efter smak.
d) Kyl soppan i kylen i minst 1 timme.
e) Servera kall, garnerad med krispig pancetta eller bacon och hackad färsk persilja.

90.Kyld bönsoppa

INGREDIENSER:
- 4 dl hackade tomater
- 2 koppar kryddig varm V8-juice
- 1 burk (15 uns) svarta bönor, sköljda och avrunna
- 1 dl hackad gurka
- 1 kopp hackad söt röd eller gul paprika
- 1/2 kopp hackad rödlök
- 2 msk balsamvinäger
- 1 tsk socker
- 1/4 till 1/2 tesked pepparsås
- 1/4 tsk mald spiskummin 1/4 tsk salt
- 1/4 tsk peppar
- 7 matskedar fettsnål gräddfil Skivad gurka, valfritt

INSTRUKTIONER:
a) I en mixer, kombinera tomater och V8 juice; täck och bearbeta bara tills blandat. Överför till en stor skål.
b) Rör ner bönorna, hackad gurka, paprika, lök, vinäger, socker och kryddor.
c) Täck över och ställ i kylen i minst 4 timmar eller över natten. Servera med gräddfil. Garnera med skivad gurka om så önskas.

91. Kyld lins- och quinoasoppa

INGREDIENSER:
- 1 dl kokta linser
- 1/2 kopp kokt quinoa
- 1 gurka, skalad och tärnad
- 1 röd paprika, tärnad
- 1/4 kopp hackad rödlök
- 2 msk hackad färsk persilja
- 2 msk citronsaft
- 2 dl grönsaksbuljong
- Salta och peppra efter smak

INSTRUKTIONER:
a) Kombinera de kokta linserna, kokta quinoa, tärnad gurka, tärnad röd paprika, hackad rödlök och hackad persilja i en stor skål.
b) Häll grönsaksbuljongen och citronsaften över blandningen och rör om väl.
c) Krydda med salt och peppar efter smak.
d) Ställ i kylen i minst 1 timme innan servering.
e) Servera kall, garnerad med ytterligare persilja om så önskas.

92. Kyld kikärts- och bulgarsoppa

INGREDIENSER:
- 1 burk (15 oz) kikärter, avrunna och sköljda
- 1/2 kopp kokt bulgurvete
- 1 tomat, tärnad
- 1/4 kopp tärnad rödlök
- 2 msk hackad färsk mynta
- 2 msk citronsaft
- 2 dl grönsaksbuljong
- Salta och peppra efter smak

INSTRUKTIONER:
a) I en stor skål, kombinera kikärtorna, kokt bulgurvete, tärnad tomat, tärnad rödlök, hackad mynta, citronsaft och grönsaksbuljong.
b) Rör om väl för att kombinera.
c) Krydda med salt och peppar efter smak.
d) Ställ i kylen i minst 1 timme innan servering.
e) Servera kall, garnerad med en kvist mynta.

93.Kyld soppa med svarta bönor och brunt ris

INGREDIENSER:

- 1 burk (15 oz) svarta bönor, avrunna och sköljda
- 1/2 kopp kokt brunt ris
- 1 röd paprika, tärnad
- 1/2 kopp majskärnor (färska, frysta eller konserverade)
- 1/4 kopp tärnad rödlök
- 2 msk hackad färsk koriander
- 2 msk limejuice
- 2 dl grönsaksbuljong
- Salta och peppra efter smak

INSTRUKTIONER:

a) I en stor skål, kombinera de svarta bönorna, kokt brunt ris, tärnad röd paprika, majskärnor, tärnad rödlök, hackad koriander, limejuice och grönsaksbuljong.
b) Blanda väl för att kombinera.
c) Krydda med salt och peppar efter smak.
d) Ställ i kylen i minst 1 timme innan servering.
e) Servera kall, garnerad med ytterligare koriander om så önskas.

94.Kyld korn- och kikärtssoppa

INGREDIENSER:
- 1/2 kopp kokt korn
- 1 burk (15 oz) kikärter, avrunna och sköljda
- 1 gurka, skalad och tärnad
- 1/2 dl körsbärstomater, halverade
- 1/4 kopp tärnad rödlök
- 2 msk hackad färsk dill
- 2 msk citronsaft
- 2 dl grönsaksbuljong
- Salta och peppra efter smak

INSTRUKTIONER:
a) I en stor skål, kombinera det kokta korn, kikärter, tärnad gurka, körsbärstomater, tärnad rödlök, hackad dill, citronsaft och grönsaksbuljong.
b) Rör om väl för att kombinera.
c) Krydda med salt och peppar efter smak.
d) Ställ i kylen i minst 1 timme innan servering.
e) Servera kall, garnerad med en kvist dill.

95.Kyld röd lins- och bulgursoppa

INGREDIENSER:

- 1 dl röda linser, sköljda
- 1/2 kopp bulgurvete
- 1 morot, tärnad
- 1 stjälkselleri, tärnad
- 1/2 kopp tärnade tomater
- 2 vitlöksklyftor, hackade
- 1 tsk malen spiskummin
- 1/2 tsk paprika
- 4 dl grönsaksbuljong
- 2 msk citronsaft
- Salta och peppra efter smak

INSTRUKTIONER:

a) I en stor gryta, kombinera de röda linserna, bulgurvetet, tärnad morot, tärnad selleri, tärnade tomater, hackad vitlök, mald spiskummin, paprika och grönsaksbuljong.
b) Koka upp blandningen, sänk sedan värmen och låt sjuda i 20-25 minuter, eller tills linser och bulgur är kokta och mjuka.
c) Ta bort från värmen och låt svalna något.
d) Rör ner citronsaften och smaka av med salt och peppar.
e) Ställ i kylen i minst 1 timme innan servering.

KALLA PASTASOPPA

96.Kalla Nudlar Med Tomater

INGREDIENSER:
- 2 pints mogna körsbärstomater, halverade
- 2 tsk kosher salt (diamantkristall)
- 12 till 14 uns somyeon, somen, capellini eller andra tunna vetenudlar
- ¼ kopp risvinäger
- 2 msk sojasås
- 2 matskedar strösocker
- 1 stor vitlöksklyfta, finriven
- ½ tsk dijonsenap
- ½ tsk rostad sesamolja
- 2 koppar kallt filtrerat vatten
- 1 msk rostade sesamfrön
- 2 rädisor, tunt skivade
- 2 salladslökar, tunt skivade i vinkel
- 2 koppar krossad eller tärnad is

INSTRUKTIONER:
a) I en stor skål, blanda ihop tomaterna och saltet. Låt sitta tills det blir saftigt, ca 10 minuter.
b) Koka upp en stor kastrull med vatten under tiden. Koka nudlarna enligt anvisningarna på förpackningen, låt rinna av och skölj under kallt vatten. Avsätta.
c) Tillsätt vinäger, soja, socker, vitlök, senap och sesamolja till tomaterna och rör om med en sked tills de är väl blandade. Rör ner det filtrerade vattnet i tomaterna och strö buljongens yta med sesamfrön, rädisor och salladslök.
d) Precis innan servering, tillsätt isen i buljongen. Dela nudlarna mellan skålar och häll i buljongen och eventuell osmält is, se till att varje portion får ett fint stänk av tomater, rädisor, salladslök och sesamfrön.

97. Kyld medelhavs Orzosoppa

INGREDIENSER:

- 1 kopp orzo pasta, kokt och kyld
- 1 kopp tärnad gurka
- 1 dl körsbärstomater, halverade
- 1/4 kopp skivade Kalamata-oliver
- 1/4 kopp smulad fetaost
- 2 msk hackad färsk persilja
- 2 msk citronsaft
- 2 matskedar olivolja
- 2 dl grönsaksbuljong
- Salta och peppra efter smak

INSTRUKTIONER:

a) I en stor skål, kombinera den kokta och kylda orzo-pastan, tärnad gurka, halverade körsbärstomater, skivade Kalamata-oliver, smulad fetaost, hackad persilja, citronsaft, olivolja och grönsaksbuljong.
b) Rör om väl för att kombinera.
c) Krydda med salt och peppar efter smak.
d) Ställ i kylen i minst 1 timme innan servering.
e) Servera kall, garnerad med ytterligare persilja och fetaost om så önskas.

98. Kyld tomat- och basilikapastasoppa

INGREDIENSER:
- 8 oz pasta (som fusilli eller penne), kokt och kyld
- 2 stora tomater, tärnade
- 1/2 kopp tärnad gurka
- 1/4 kopp hackad färsk basilika
- 2 msk balsamvinäger
- 2 matskedar olivolja
- 2 dl grönsaksbuljong
- Salta och peppra efter smak

INSTRUKTIONER:
a) I en stor skål, kombinera den kokta och kylda pastan, tärnade tomater, tärnad gurka, hackad basilika, balsamvinäger, olivolja och grönsaksbuljong.
b) Rör om väl för att kombinera.
c) Krydda med salt och peppar efter smak.
d) Ställ i kylen i minst 1 timme innan servering.
e) Servera kall, garnerad med ytterligare basilika om så önskas.

99.Kyld Pesto Pasta Soppa

INGREDIENSER:
- 8 oz pasta (som rotini eller farfalle), kokt och kyld
- 1/2 kopp beredd basilikapesto
- 1 dl körsbärstomater, halverade
- 1/4 kopp skivade svarta oliver
- 2 msk pinjenötter
- 2 msk riven parmesanost
- 2 dl grönsaksbuljong
- Salta och peppra efter smak

INSTRUKTIONER:
a) I en stor skål, kombinera den kokta och kylda pastan, basilikapesto, körsbärstomater, svarta oliver, pinjenötter, riven parmesanost och grönsaksbuljong.
b) Rör om väl för att kombinera.
c) Krydda med salt och peppar efter smak.
d) Ställ i kylen i minst 1 timme innan servering.
e) Servera kall, garnerad med ytterligare pinjenötter och parmesanost om så önskas.

100.Kyld grekisk pastasalladssoppa

INGREDIENSER:
- 8 oz pasta (som rotini eller penne), kokt och kyld
- 1/2 kopp tärnad gurka
- 1/2 kopp tärnade tomater
- 1/4 kopp skivade Kalamata-oliver
- 1/4 kopp smulad fetaost
- 2 bord
- 2 msk hackad färsk persilja
- 2 msk citronsaft
- 2 matskedar olivolja
- 2 dl grönsaksbuljong
- Salta och peppra efter smak

INSTRUKTIONER:
a) I en stor skål, kombinera den kokta och kylda pastan, tärnad gurka, tärnade tomater, skivade Kalamata-oliver, smulad fetaost, hackad persilja, citronsaft, olivolja och grönsaksbuljong.
b) Rör om väl för att kombinera.
c) Krydda med salt och peppar efter smak.
d) Ställ i kylen i minst 1 timme innan servering.
e) Servera kall, garnerad med ytterligare persilja och fetaost om så önskas.

SLUTSATS

När vi avslutar vår resa genom en värld av kalla soppor, hoppas jag att du känner dig inspirerad att anamma dessa uppfriskande och läckra rätter som en stapelvara i din kulinariska repertoar. "DEN KOMPLETTA KALLSOPPA KOOKBOKEN" har skapats med en passion för att fira de livliga smakerna och säsongsbetonade ingredienserna som gör kylda soppor så oemotståndliga.

När du fortsätter att utforska världen av kalla soppor, kom ihåg att möjligheterna är oändliga. Oavsett om du experimenterar med nya smakkombinationer, lägger till din egen twist till klassiska recept eller bara njuter av en skål med din kylda favoritsoppa en varm sommardag, kan varje sked ge dig glädje, uppfriskningar och tillfredsställelse.

Tack för att du följde med mig på denna kulinariska resa. Må dina sommardagar vara fyllda med läckra kalla soppor, gott sällskap och minnesvärda stunder som delas runt bordet. Tills vi ses igen, glad matlagning och god aptit!

www.ingramcontent.com/pod-product-compliance
Lightning Source LLC
Chambersburg PA
CBHW050345120526
44590CB00015B/1560